SE 07

Policía Nacional
Escala Básica

Enero 2024

Policía Nacional
Escala Básica

Simulacros de examen
de inglés comentados

Volumen 1

ALBA MARTOS CARMONA

DIPLOMADA EN MAGISTERIO
PROFESORA TITULAR DE INGLÉS
PROFESORA DE ESPAÑOL PARA EXTRANJEROS

© 7 Editores Recursos para la Cualificación Profesional y el Empleo, S.L. (7 Editores)
© La autora
Primera edición, enero 2024 (348 páginas)
Derechos de edición reservados a favor de 7 Editores
IMPRESO EN ESPAÑA
Diseño Portada: 7 Editores
Edita: 7 Editores
Avda. San Francisco Javier, 9 · Edificio Sevilla 2 · Planta 11 · Módulos 25-27 · 41018 Sevilla
Teléfono: 954 784 411 · WEB: www.mad.es · e-mail: administracion@7editores.com
ISBN: 978-84-142-7833-8
ISBN obra completa: 978-84-142-7835-2
© "Editorial Mad" y "Eduforma" son nombres comerciales registrados de
7 Editores Recursos para la Cualificación Profesional y el Empleo, S.L.

Presentación

Este libro está concebido para ayudar a los que deseen preparar el ejercicio voluntario de idioma (inglés) que forma parte del proceso de selección de los aspirantes a ingreso en la Escala Básica, categoría de Policía, de la Policía Nacional.

Con el objetivo de ayudar a los opositores a un adecuado entrenamiento, ofrecemos 55 simulacros de examen de inglés de 20 ítems cada uno; un total de 1.100 preguntas tipo test con 4 opciones de respuesta.

Confiamos en que este material le sea de gran ayuda para conseguir el objetivo deseado.

La autora

Índice

Mock exam n.º 1

1. The cat .... on the table.

a) Are
b) Is
c) Has
d) Have

2. .... you at home?

a) Do
b) Are you being
c) Are
d) Does

3. .... Grace got a pet?

a) Do
b) Has
c) Have
d) Does

4. Who .... your favorite pop stars?

a) Is
b) Do
c) Have
d) Are

5. I .... like your new pencilcase.

a) Does
b) Don't
c) Doesn't
d) Am

6. .... does your uncle work?

a) Where
b) What
c) Who
d) Do

7. Does your cousin .... to school?

a) Goes
b) Went
c) Go
d) Gone

8. My mother is making .... cakes for the party.

a) A
b) Any
c) Much
d) Some

9. Max went with his mother to the supermarket but they didn't buy ...

a) Anything
b) Nothing
c) Something
d) Any

10. My best friend has been looking for that book in the library, but she has found ....

a) Some
b) Nothing
c) Anything
d) Everything

11. .... sugar is there?

a) How many
b) Some
c) A
d) How much

12. .... there .... people at the party?

a) Is/much
b) Are/many
c) Is/many
d) Is/some

13. Have you got .... coins to pay?

a) How much
b) Some
c) A
d) Any

14. Oh dear! I'm afraid there is .... milk in the fridge.

a) No
b) Some
c) Any
d) One

15. Every morning she washes .... and brushes her teeth.

a) Her
b) Yourself
c) Hers
d) Herself

16. I .... in the mornings.

a) Don't working
b) Doesn't work
c) Working
d) Don't work

17. My English test starts .... five o'clock.

a) On
b) At
c) In
d) Of

18. I can't find my mobile phone anywhere. I ……… have forgotten it in the car.

a) Must
b) Should
c) May not
d) Will

19. When have Martha and Fred arrived ……… Madrid?

a) To
b) In
c) At
d) On

20. I like ……… Julie ……… John. They are so boring.

a) Neither/or
b) Either/both
c) Neither/nor
d) Both/nor

Answers

1. b) Is

El sujeto (the cat) corresponde a la 3.ª persona del singular (it) del verbo "to be", por lo que su conjugación en presente simple sería "is".

2. c) Are

El sujeto (you) corresponde a la 2.ª persona del singular del verbo "to be", por lo que su conjugación en presente simple sería "are".

3. b) Has

El sujeto (Grace) corresponde a la 3.ª persona del singular (she) del verbo "have", por lo que su conjugación en presente simple sería "has".

4. d) Are

El sujeto (pop stars) corresponde a la 1.ª persona del plural del verbo "to be", por lo que su conjugación en presente simple sería "are".

5. b) Don't

Debido a que el sujeto es la 1.ª persona del singular, y la opción iría acompañando al verbo "like" solo cabe la opción de que la respuesta correcta sea el verbo auxiliar en negativo (don't)

6. a) Where

Partícula interrogativa cuyo significado es "dónde".

7. c) Go

El sujeto es la 3.ª persona del singular (your cousin = he) y, al tratarse de una oración interrogativa, ya aparece la desinencia -es correspondiente a esta persona en el verbo auxiliar (does), por lo que ya no se colocaría dicha desinencia en el verbo principal, el cual iría en infinitivo.

8. d) Some

El objeto de la oración sería "cakes" (en plural) por lo que la única opción posible es "some" (algunos).

9. a) Anything

Al tratarse de una oración negativa, y en el caso de referirnos a que no compraron nada, como es el caso, se hace necesario seleccionar la opción "anything".

10. b) Nothing

Al tratarse de una oración afirmativa, y en el caso de referirnos a que no encontró lo que buscaba, se usaría "nothing".

11. d) How much

Las partículas interrogativas que podrían usarse en esta pregunta serían "how much" o "how many" (cuánto). Al tratarse el objeto de la pregunta de un sustantivo incontable, habría que poner "how much".

12. b) Are/many

El sustantivo "people" en inglés, es contable plural (personas), por lo tanto la conjugación del verbo ha de ser "are", y el determinante de cantidad ha de ser "many", ya que es contable.

13. d) Any

Al tratarse de una oración interrogativa, usamos el determinante "any" para referirnos a "algún/algo de…".

14. a) No

Cuando se construye una oración afirmativa hablando de la ausencia de algo, usamos la negación "no" para referirnos a "nada de…" (se niega el sustantivo, y el verbo se conjuga en afirmativo).

15. d) Herself

Se utiliza "herself" para referirnos a algo que, en este caso realiza el sujeto (she) por ella misma.

16. d) Don't work

Al tratarse el sujeto de la 1.ª persona del singular (I), la única opción correcta sería el auxiliar "don't" para negación junto con el infinitivo del verbo.

17. b) At

Cuando hablamos de horas, siempre van precedidas de la preposición "at".

18. a) Must

El sujeto indica que no tiene dudas de algo que ha ocurrido en el pasado, por lo que usamos el modal "must", para conjugar el modal perfecto.

19. b) In

Cuando en inglés hablamos de "llegar a+ una ciudad/país" se utiliza la preposición "in"

20. c) Neither/nor

Cuando queremos explicar que no nos gusta ni una opción ni la otra, se rechazan las dos, se usa "neither…/nor…".

Mock exam n.º 2

1. It isn't my jumper. It's ...

a) James's
b) James'
c) Their
d) Him

2. I received that computer as a present .... my birthday.

a) To
b) In
c) On
d) At

3. Those children have decorated the classroom by ...

a) They
b) Them
c) Themself
d) Themselves

4. She ...... never .... to the beach.

a) Have/be
b) Has/be
c) Has/been
d) Has/being

5. If you study hard, you ...... the exam.

a) Would pass
b) Have passed
c) Will pass
d) Don't pass

6. Has your classmate .... his homework?

a) Finished
b) Finishes
c) Finish
d) Finishing

7. All your friends .... right now.

a) Study
b) Are studying
c) Studies
d) Will study

8. I am a primary school teacher. I like .... so much.

a) Child
b) Childrens
c) Children
d) Childs

9. Where is my pencil sharpener? It's .... the table.

a) On
b) At
c) In
d) Onto

10. When are you arriving .... school?

a) At
b) In
c) On
d) To

11. "The Lord of the Rings" is the best film I have .... watched.

a) Never
b) Ever
c) Sometimes
d) Don't

12. I have studied Maths ...... five years.

a) Since
b) For
c) From
d) To

13. They .... to London three times this year.

a) Have travelled
b) Has travelled
c) Are being
d) Were being

14. Has your boss come .... ?

a) Already
b) Still
c) Tomorrow
d) Yet

15. I will wait for you .... the bus stop in front of your house.

a) At
b) In
c) To
d) Up

16. .... do you go to the gym? I go twice a week.

a) Where
b) How often
c) Why
d) How

17. My sister is so annoying. She is always looking at .... in the mirror.

a) Herself
b) She
c) Hers
d) I

18. He always loses his tennis match. He is ……… tennis player ever.

a) Worst than
b) Badest
c) The worse
d) The worst

19. It was really funny. Mike and I were ……… wearing the same T-shirt.

a) No
b) Either
c) Both
d) Neither

20. Where is my school ……… ? I have all my homework in it.

a) Carpet
b) Folder
c) File
d) Rubber

Answers

1. b) James'

El genitivo sajón se emplea para indicar posesión. Al tratarse de un nombre propio acabado en "-s", simplemente se coloca el apóstrofo.

2. c) On

Se utiliza la preposición "on" para hablar de fechas concretas.

3. d) Themselves

El pronombre reflexivo de la tercera persona del plural (those children) sería "themselves".

4. c) Has gone

Al ser una acción que comenzó en el pasado y aún no ha finalizado, se utilizaría el presente perfecto (presente have, en este caso 3.ª persona singular + participio pasado).

5. c) Will pass

Se trata de una oración 1.ª condicional en la cual si se da una circunstancia (en este caso STUDY, en present simple) habrá una consecuencia (Will pass, en future simple).

6. a) Finished

Al ser una acción que era así en el pasado y no sabemos si ha finalizado, se utilizaría el presente perfecto (presente have, en este caso 3.ª persona singular + participio pasado del verbo principal).

7. b) Are studying

La expresión "right now" nos indica que es una acción que se está produciendo en el momento de hablar, por tanto, se utiliza el "presente continuo" (presente to be + gerundio verbo principal).

8. c) Children

El plural de "child" es irregular, siendo su forma correcta "children".

9. a) On

Cuando indicamos que un objeto está "sobre la superficie de otro" se indica con la preposición "on".

10. a) At

La expresión "llegar a un lugar pequeño (escuelas, supermercados…)" se indica usando do el verbo arrive + preposición "at".

11. b) Ever

Con un verbo en presente perfecto, oración afirmativa, se utiliza "ever" para remarcar, en este caso, que es la mejor película que ha visto.

12. b) For

Para indicar el periodo de duración de una acción, se usa "for" (durante).

13. a) Have travelled

Al no haber acabado este periodo de tiempo, puede que la acción a la que nos referimos se siga produciendo, en este caso, que viajen alguna vez más, por eso se utiliza el presente perfecto.

14. d) Yet

Al tratarse de una oración interrogativa con el tiempo verbal presente perfecto, se utiliza la partícula "yet" para preguntar si la acción "ya" ha sucedido.

15. a) At

Cuando hablamos de que estamos ubicados en un punto de referencia concreto en espacio abierto, se utiliza la preposición "at".

16. b) How often

La partícula interrogativa empleada para preguntar por la frecuencia con la que una acción sucede es "how often".

17. a) Herself

El pronombre reflexivo empleado para la 3.ª persona del singular femenino es "herself".

18. d) The worst

Para indicar el adjetivo superlativo de "bad" es un tanto diferente, ya que se trata de un adjetivo irregular, en sus formas comparativas y superlativas. En este caso sería "the worst".

19. c) Both

En oraciones afirmativas para indicar que dos sujetos realizan "ambos" la misma acción, se utiliza "both".

20. b) Folder

Se trataría de un "false friend" en español, ya que queremos usar la palabra "carpeta" y una de las opciones es "carpet", la cual es muy parecida en su forma al español. Sin embargo, su significado es "alfombra" por lo que puede dar lugar a confusiones en el caso de no conocer su significado.

Mock exam n.º 3

1. Sally hasn't got .... friends.

a) Much
b) Some
c) Any
d) A

2. My brother Tom usually cuts his hair...

a) Herself
b) Ourselves
c) Itself
d) Himself

3. I can't find the keys ....

a) Nowhere
b) Anywhere
c) Somewhere
d) Everywhere

4. .... pen is this?

a) Whom
b) Who
c) Whose
d) Which

5. Why doesn't she do the homework .... ?

a) Itselves
b) Themselves
c) Herself
d) Yourselves

6. There are eight ...... at the bus stop.

a) People
b) Peoples
c) Person
d) Persons

7. That cake was .... good that I ate a second piece.

a) Such
b) So
c) Much
d) Many

8. If you .... English, you .... to the UK without problems.

a) Will study/ will travel
b) Study/ will travel
c) Studies/ travel
d) Won't study/ travel

9. The news we received .... good.

a) Is
b) Are
c) Have
d) Were

10. Molly is attending to her job interview tomorrow .... 9 o'clock.

a) On
b) To
c) In
d) At

11. Marti has lived in Liverpool .... a long time.

a) Since
b) When
c) At
d) For

12. They haven't read .... books.

a) Many
b) Some
c) Much
d) An

13. .... is Madrid from Bilbao?

a) How long
b) Where
c) How much
d) How far

14. We don't have .... gas in the car.

a) Some
b) Much
c) Many
d) No

15. John is making sausages .... dinner.

a) So
b) To
c) For
d) In

16. The lecture I attended yesterday was really ....

a) Boredom
b) Boring
c) Bored
d) Borring

17. I have been waiting here .... 45 minutes.

a) Since
b) At
c) For
d) While

18. If you .... a better mobile phone, you could play videogames.

a) Had
b) Has
c) Have
d) Will have

19. There are many reasons to visit France. One is tourism. .... include gastronomy, study and work.

a) Another
b) The other
c) Other
d) Others

20. They have got some good books .... read.

a) For
b) So that
c) That
d) To

Answers

1. c) Any

Para indicar la ausencia de algo en una oración interrogativa usamos la partícula "any".

2. d) Himself

El pronombre reflexivo empleado para la 3.ª persona del singular masculino es "himself".

3. b) Anywhere

En oraciones negativas, para indicar la expresión "por ningún lugar" se usa "anywhere".

4. c) Whose

La partícula interrogativa para indicar pertenencia de algún objeto "de quién" es "whose".

5. c) Herself

El pronombre reflexivo empleado para la 3.ª persona del singular femenino es "herself".

6. a) People

En inglés, el plural de "person" es irregular, usándose "people" para hablar de "personas".

7. b) So

Usamos la expresión "so" para enfatizar el adjetivo que precede.

8. b) Study/ will travel

El uso de la 1.ª condicional para indicar que si se realiza una acción, probablemente ocurra una segunda en el futuro.

9. a) Is

El sustantivo "news" en inglés es singular, por lo que la forma del presente del verbo "to be" sería "is".

10. d) At

Se utiliza la preposición "at" para hablar de horas.

11. d) For

Para indicar el periodo de duración de una acción, se usa "for" (durante).

12. a) Many

Utilizamos el determinante "many" para indicar "mucha cantidad" con sustantivos contables.

13. d) How far

Para indicar distancia de un lugar a otro en una pregunta, se emplea la partícula interrogativa "how far".

14. b) Much

Utilizamos el determinante "much" para indicar "mucha cantidad" con sustantivos incontables.

15. c) For

Se utiliza "for" para indicar un propósito de algo, cuando va seguido de un sustantivo.

16. b) Boring

Para indicar que algo tiene unas características que nos hace sentir de una determinada forma.

17. c) For

Para indicar el periodo de duración de una acción, se usa "for" (durante).

18. a) Had

Se utiliza la 2.ª condicional para hablar de situaciones hipotéticas, que no son reales. Su primera partícula (condición irreal) se usa con el pasado simple de un verbo.

19. d) Others

Se usa el pronombre "others", ya que no va acompañando a ningún sustantivo, sino que lo sustituye.

20. d) To

Utilizamos el infinitivo de un verbo (to read, en este caso), para hablar acerca del propósito u objetivo de hacer algo.

Mock exam n.º 4

1. I don't like to drive .... to work, so I usually take a taxi.

a) Myself
b) Ourselves
c) Yourself
d) Herself

2. Did she .... my parcel?

a) Envy
b) Envies
c) Sent
d) Send

3. You can borrow ...... T-shirt you like.

a) Many
b) Much
c) Three
d) Any

4. My sister brought me .... DVDs for my birthday.

a) Few
b) Little
c) A Little
d) A few

5. They love Granada for two reasons: one is that it's beautiful. .... is that they can ski there.

a) Another
b) Other
c) The other
d) Others

6. My mother has written a diary .... she was ten.

a) For
b) Since
c) During
d) While

7. Are you listening .... me?

a) At
b) By
c) To
d) For

8. If he .... clever, he would save some money.

a) Were
b) Was
c) Is
d) Will be

9. The child doesn't want those cookies. He wants ....

a) Others
b) Other
c) Some
d) Another

10. Could I have .... more pasta? It is delicious.

a) Little
b) Many
c) Some
d) Few

11. ...... seconds are there in a minute?

a) How much
b) When
c) How
d) How many

12. His speech was a great ....

a) Exit
b) Delight
c) Contest
d) Success

13. I haven't seen her ...... I was twelve.

a) Since
b) When
c) While
d) For

14. All the family was really .... about their situation.

a) Worrying
b) Worry
c) Worries
d) Worried

15. It was .... an amazing concert.

a) Such
b) So
c) Very
d) Much

16. If James .... more careful, he wouldn't have had that traffic accident.

a) Were
b) Was
c) Has been
d) Had been

17. Mike asked me for a glass of wine and I told him to get it ....

a) Yourself
b) Myself
c) Himself
d) Itself

18. When is he arriving .... the airport?

a) In
b) At
c) To
d) On

19. The doctors haven't got .... news for the patient's family.

a) A few
b) No
c) Much
d) Many

20. Are there 31 days .... June?

a) On
b) Of
c) In
d) At

Answers

1. a) Myself

El pronombre reflexivo de la primera persona del singular (I) sería "myself".

2. d) Send

La forma correcta de enviar es "send" y al tratarse de una oración interrogativa en pasado que ya lleva el auxiliar "did", se pondría el verbo en infinitivo.

3. d) Any

Usamos "any" para hablar de "cualquiera" de las opciones que se indican.

4. d) A few

Para hablar de "algunos" acompañando a un sustantivo contable plural se utiliza "a few".

5. c) The other

Usamos "the other" para hablar de una alternativa específica de algo.

6. b) Since

Cuando se habla de un momento determinado en el pasado, en el que comenzó una acción, se utiliza "since".

7. c) To

Se trata de un "colocation". El verbo "listen" siembre va seguido de un complemento régimen (en este caso siempre que escuchamos, tenemos que escuchar algo). Por ello, el verbo listen siempre va seguido de "to" + aquello que escuchamos.

8. a) Were

Se utiliza la 2.ª condicional para hablar de situaciones hipotéticas, que no son reales. Su primera partícula (condición irreal) se usa con el pasado simple de un verbo.

9. a) Others

Se usa el pronombre "others", ya que no va acompañando a ningún sustantivo, sino que lo sustituye.

10. c) Some

Utilizamos en este caso el determinante "some" para acompañar un sustantivo incontable en una oración afirmativa.

11. d) How many

Utilizamos la partícula interrogativa "how many" para preguntar "cuánto", siempre y cuando vaya acompañando a un sustantivo contable.

12. d) Success

Se trataría de un "false friend" en español, ya que queremos usar la palabra "éxito" y una de las opciones es "exit", la cual es muy parecida en su forma al español. Sin embargo, su significado es "salida" por lo que puede dar lugar a confusiones en el caso de no conocer su significado.

13. a) Since

Cuando se habla de un momento determinado en el pasado, en el que comenzó una acción, se utiliza "since".

14. d) Worried

Para indicar cómo se siente una persona /grupo de personas, ante alguna situación.

15. a) Such

Si queremos hacer énfasis en la característica de algo (sustantivo contable en singular), hay que utilizar *such a/an* (+ adjetivo + sustantivo contable singular).

16. d) Had been

Se utiliza la 3.ª condicional para hablar de situaciones que han ocurrido en el pasado y que no se pueden modificar. Su primera partícula se usa con el pasado perfecto de un verbo.

17. c) Himself

El pronombre reflexivo de la tercera persona del singular (James, he) sería "himself".

18. b) At

La expresión "llegar a un lugar pequeño (escuelas, supermercados…)" se indica usando el verbo arrive + preposición "at".

19. c) Much

Utilizamos "much" acompañando al sustantivo "news" porque se trata de un sustantivo incontable en inglés.

20. c) In

Usamos la preposición "in" cuando estamos hablando de meses en inglés.

Mock exam n.º 5

1. She doesn't like ……… yellow car.

a) There
b) Those
c) These
d) That

2. That was the ……… birthday party I ever had.

a) Good
b) Best
c) Better
d) Gooder

3. What ……… Jerry ……… now?

a) Does/do
b) Will/done
c) Is/doing
d) Has/doing

4. If my brother ……… hard, he ……… all his exams successfully.

a) Work/pass
b) Works/will pass
c) Workes/passes
d) Worked/would pass

5. Those are the ……… toys.

a) Children's
b) Childrens'
c) Childs's
d) Childs'

6. ...... sugar do you need for the cake?

a) How many
b) What many
c) How much
d) What much

7. Joe and I are both 20 years old. I am .... John.

a) As old as
b) Older than
c) Less old than
d) As older as

8. She .... practice more if she wants to do it well.

a) Would
b) May
c) Should
d) Shoulds

9. Their wedding anniversary is .... the 8th of August.

a) In
b) At
c) To
d) On

10. The car .... I rented last week broke down.

a) What
b) Which
c) Whose
d) Who

11. Would you like some more beer? Just .... , please.

a) A few
b) Little
c) A little
d) Any

12. We have got ……… honey in that bowl.

a) Any
b) Some
c) Many
d) A few

13. If I ……… that you were sick, I would have called you.

a) Know
b) Known
c) Had known
d) Knew

14. We have ……… beaches in Madrid, but we have rivers.

a) ----
b) No
c) Any
d) Some

15. You ……… not drink and drive.

a) May
b) Might
c) Would
d) Must

16. She sees your aunt Ann ……… day.

a) Every
b) Both
c) Each
d) No

17. ……… school is very cool. Hasn't it got ……… central heating system?

a) ----/ the
b) The/ an
c) The/ a
d) a/ the

18. .... you usually go out at the weekend?

a) Are
b) Have
c) Shall
d) Do

19. Yesterday they ...... to the cinema.

a) Had gone
b) Did go
c) Went
d) Go

20. I promise you that I .... late.

a) Am going to
b) Won't arrive
c) Am arrived
d) Won't arreived

Answers

1. d) That

Usamos el determinante demostrativo "that" para referirnos a un sustantivo contable singular determinado.

2. b) Best

Para indicar el adjetivo superlativo de "good" es un tanto diferente, ya que se trata de un adjetivo irregular, en sus formas comparativas y superlativas. En este caso sería "the best".

3. c) Is/ doing

La palabra "now" nos indica que se trata de una acción que se está produciendo en el momento de hablar, por tanto, se utiliza el "presente continuo" (presente to be + gerundio verbo principal).

4. b) Works/ will pass

Se trata de una oración 1.ª condicional en la cual si se da una circunstancia (en este caso work, en present simple) habrá una consecuencia (Will pass, en future simple).

5. a) Children's

El plural de "child" es irregular, siendo su forma correcta "children", por lo tanto, al usar el genitivo sajón con este sustantivo plural no acabado en "-s", añadimos el apóstrofo seguido de "-s".

6. c) How much

Usamos la partícula interrogativa "how much" para referirnos a sustantivos incontables.

7. a) As old as

Usamos "as + adjetivo + as" para comparar un elemento con otro (tan…como).

8. c) Should

Usamos el verbo modal "should" cuando se trata de dar consejos o recomendaciones. A este tipo de verbos (modales) no se les añade la desinencia "-s" cuando lo conjugamos con la 3.ª persona del singular. Sería igual en todos los casos.

9. d) On

Usamos la preposición "on" cuando hablamos de una fecha concreta.

10. b) Which

Usamos la partícula "which" en las oraciones de relativo, cuando el elemento al cual nos estamos refiriendo y ha sido nombrado previamente es un objeto.

11. a) A Little

Usamos "a little" cuando nos estamos refiriendo a "un poco/poca cantidad" de un sustantivo incontable.

12. b) Some

Usamos "some" cuando nos estamos refiriendo a "algo" de un sustantivo incontable en oraciones afirmativas.

13. c) Had known

Se utiliza la 3.ª condicional para hablar de situaciones que han ocurrido en el pasado y que no se pueden modificar. Su primera partícula se usa con el pasado perfecto de un verbo.

14. b) No

Usamos la partícula negativa "no" en oraciones afirmativas para hablar de la ausencia de algo.

15. d) Must

El verbo modal "must" va seguido de un verbo en infinitivo. Se emplea de hablar de prohibición u obligación de algo.

16. a) Every

Se usa "every" para referirnos a "todos y cada uno" en oraciones afirmativas.

17. c) The/a

El artículo "the" se usa para hablar de un sustantivo concreto. Usamos el artículo indefinido "a" para hablar de, como su propio nombre indica, un sustantivo cualquiera, del que no se determina ni concreta nada.

18. d) Do

Se usa el verbo auxiliar "do" en oraciones interrogativas en presente simple.

19. c) Went

Usamos el pasado simple, ya que estamos hablando de una oración que ocurrió y ya ha finalizado. En este caso, el verbo "go" es irregular, y su forma en pasado es "went"

20. b) Won't arrive

Usamos el futuro con "will" seguido del verbo que acompaña en infinitivo para hablar de promesas.

Mock exam n.º 6

1. My girlfriend moved, and now she lives .... the 5th floor .... 30th Main Street.

a) On/ at
b) In/ on
c) In/ at
d) On/ in

2. Have you .... been in Glasgow?

a) Just
b) Never
c) Ever
d) Now

3. Do I have to go shopping? Don't worry, we have got ...... eggs and some bread.

a) A Little
b) A few
c) Much
d) Little

4. When I saw him I was astonished, because one of his eyes is blue, and .... is green.

a) Another
b) Other
c) Others
d) The other

5. How ...... cheese have you eaten?

a) Much
b) Many
c) Some
d) A

6. Is your sister eating a sandwich? Yes, but she would like to eat .... salad too.

a) Some
b) Any
c) An
d) ---

7. The sharks stayed .... the surface for a while.

a) ----
b) At
c) In
d) On

8. .... stood up when the Pope came into the room.

a) All
b) Everyone
c) Everything
d) Anybody

9. Louise, ... dogs are yorkshires, is trying to get a job.

a) Whose
b) Who
c) That
d) Whom

10. ...... any electricity at the beach?

a) There is
b) There are
c) Are there
d) Is there

11. Very .... people can speak a foreign language perfectly.

a) A Little
b) Little
c) Much
d) Few

12. I ate ……… sweets, and now i have a terrible stomachache.

a) Too much
b) Too many
c) Enough
d) Not enouh

13. Have you finished with the telephone ……… ?

a) Yet?
b) Already?
c) Still?
d) Then?

14. I …… like to go to Japan some day.

a) Would
b) Should
c) Must
d) May

15. Very ……… people practice sport daily.

a) Little
b) Less
c) Least
d) Few

16. ……… child received a present for Christmas.

a) No
b) Each
c) Nothing
d) Both

17. Do you know ……… good books to read?

a) Some
b) Much
c) Any
d) A

18. Some people like going to the beach on holiday, while .... like going to the countryside.

a) Other
b) Others
c) The others
d) Another

19. My sister in law has two brothers. .... oldest one is called Charles.

a) Her
b) The
c) A
d) An

20. He reads about it .... some articles .... the internet.

a) In/ on
b) On/ in
c) In/ in
d) In/ at

Answers

1. a) On/at

Usamos la preposición "on" para hablar de ubicaciones en una superficie.

Usamos la preposición "at" para hablar de ubicaciones de un punto de referencia concreto, como nombres de calles.

2. c) Ever

Usamos "ever" en oraciones interrogativas para referirnos a "alguna vez".

3. b) A few

Para hablar de "algunos" acompañando a un sustantivo contable plural se utiliza "a few".

4. d) The other

Usamos "the other" para hablar de una alternativa específica de algo.

5. a) Much

Utilizamos "much" acompañando al sustantivo "cheese" porque se trata de un sustantivo incontable en inglés.

6. a) Some

Usamos "some" para hablar de "algo de/un poco" en oraciones afirmativas con sustantivos incontables.

7. d) On

Usamos la preposición "on" para hablar de ubicaciones en una superficie.

8. b) Everyone

"Everyone" se utiliza para hablar de la totalidad de las personas en oraciones afirmativas.

9. a) Whose

El pronombre relativo "whose" se utiliza para hablar de posesión (cuyo/cuya).

10. d) Is there

Utilizamos "is there" ya que es una oración interrogativa, en la que se pregunta por la existencia de un sustantivo incontable (hay).

11. d) Few

Se utiliza "few" seguido de "very" para hacer énfasis en que se trataba de muy poca cantidad.

12. b) Too many

Se utiliza esta opción porque estamos refiniéndonos a un sustantivo contable.

13. a) Yet

Al tratarse de una oración interrogativa con el tiempo verbal presente perfecto, se utiliza la partícula "yet" al final de la oración para preguntar si la acción "ya" ha sucedido.

14. a) Would

Acompaña un verbo para la formación del condicional del mismo.

15. d) Few

Se utiliza "few" seguido de "very" para hacer énfasis en que se trataba de muy poca cantidad.

16. b) Each

Para enfatizar que fueron todos y cada uno de los presentes.

17. c) Any

Se utiliza en oraciones interrogativas para preguntar por "algún/algunos".

18. b) Others

Se usa el pronombre "others", ya que no va acompañando a ningún sustantivo, sino que lo sustituye.

19. b) The

El artículo "the" para hablar de un sustantivo concreto.

20. a) In/on

"In" se utiliza para indicar ubicación concreta dentro de los cuales leyó la información.

Cuando hablamos de internet o de páginas web, usamos la preposición "on".

Mock exam n.º 7

1. My brother is .... than me.

a) Smallest
b) Young
c) Younger
d) Little

2. Joana's cat caught two .... yesterday.

a) Mouse
b) Mice
c) Mices
d) Mouses

3. Which of those are .... trousers?

a) Us
b) Your
c) You
d) Mine

4. .... does this jacket cost?

a) How much
b) How many
c) How
d) Why

5. They spent .... the weekend cleaning the house.

a) Many
b) Every
c) All
d) Some

6. Daniel is the ……… in the class.

a) Young
b) Short
c) Taller
d) Shortest

7. They ……… in Paris for five years.

a) Live
b) Lives
c) Have lived
d) Are living

8. All his family arrived …… Barcelona yesterday.

a) In
b) On
c) At
d) To

9. Her boyfriend is ……… intelligent and sweet.

a) Either
b) Each
c) Neither
d) Both

10. I already have a laptop, but I've bought ………

a) Others
b) Little
c) Another one
d) Any

11. Don't forget ……… the door.

a) Closing
b) Close
c) To close
d) Closed

12. The lesson .... by the teacher.

a) Taught
b) Was taught
c) Was learned
d) Were taught

13. They knitted over two hundred .... for homeless people.

a) Scarf
b) Scarfs
c) Scarves
d) Scarvs

14. .... is that girl over there?

a) When
b) Who
c) When
d) Whose

15. I .... Chinese now.

a) Learns
b) Learn
c) Am learning
d) Were learning

16. I was studying .... she was watching TV.

a) When
b) While
c) Already
d) ---

17. We didn't study enough, so the teacher spoke to .... parents.

a) His
b) My
c) Our
d) Ours

18. .... football is very popular in England.

a) Play
b) To play
c) Playing
d) Played

19. .... knows where she is.

a) Somebody
b) No one
c) Anyone
d) Anybody

20. ...... we go to the cinema tomorrow?

a) Did
b) Shall
c) Are
d) Will

Answers

1. c) Younger

Añadimos la terminación "-er" para formar el comparativo de un adjetivo.

2. b) Mice

Se trata de la forma del plural de "mouse", el cual es una formación irregular.

3. b) Your

Se trata del determinante posesivo de la 2.ª persona.

4. a) How much

Usamos la partícula interrogativa "how much" para referirnos a sustantivos incontables.

5. c) All

Se usa para referirse a la totalidad del sustantivo que acompaña.

6. d) Shortest

Añadimos la terminación "-est" para formar el superlativo de un adjetivo.

7. c) Have lived

Al ser una acción que comenzó en el pasado y aún no ha finalizado, se utilizaría el presente perfecto (presente have + participio pasado).

8. a) In

Cuando se utiliza el verbo "arrive" va seguido de un complemento régimen (se llega a un lugar). Cuando se trata de nombres propios de ciudades, países... se utiliza la preposición "in".

9. d) Both

En oraciones afirmativas para indicar que se cumplen "ambas" características, se utiliza "both".

10. c) Another one

Para referirnos a "uno más", además del que ya poseíamos.

11. c) To close

El verbo "forget" seguido de "to + infinitivo" se utiliza cuando hablamos de olvidar o no olvidar hacer algo.

12. b) Was taught

Se utiliza la voz pasiva en este caso en pasado, formada por el pasado del verbo "to be" seguido del participio pasado del verbo principal (en este caso es un verbo irregular).

13. c) Scarves

Los sustantivos cuya forma singular acaban en "f" (en este caso, scarf) sufren cierta modificación a la hora de formar el plural. Se elimina la "f", sustituyéndose por una "-v-" y añadiendo la desinencia plural "-es".

14. b) Who

Usamos la partícula interrogativa "who" cuando preguntamos por una persona.

15. c) Am learning

La expresión "now" nos indica que es una acción que se está produciendo en el momento de hablar (no necesariamente en ese instante). Por tanto, se utiliza el "presente continuo" (presente to be + gerundio verbo principal).

16. b) While

Usamos "while" para referirnos a una acción que se lleva a cabo, mientras otra se produce a la misma vez.

17. c) Our

Determinante posesivo, que va acompañando a un sustantivo, en este caso refiriéndose a la primera persona del plural.

18. c) Playing

Se trata de un verbo sustantivado, ya que en este caso actúa como sujeto de la oración, por lo que se usa su forma acabada en "-ing".

19. b) No one

Se utiliza esta expresión cuando queremos hablar de "ninguna persona" en oraciones afirmativas.

20. b) Shall

Cuando preguntamos por la opinión de alguien sobre un aspecto/ acción en concreto, se utiliza la partícula "shall" seguido de infinitivo.

Mock exam n.º 8

1. Last week I saw a magic trick with ten ....

a) Knifes
b) Knife
c) Knive
d) Knives

2. A: Whose is that beautiful dog? B: Actually, it's ....

a) Your
b) Me
c) You
d) Mine

3. My grandma gave us 10 euros .... for Christmas.

a) Either
b) Neither
c) Other
d) Each

4. A: I'm starving!! B: .... you like a sandwich?

a) Are
b) Would
c) Shall
d) Will

5. They painted the classroom ....

a) Yourself
b) Yourselves
c) Themself
d) Themselves

6. This is the .... interesting lesson of all.

a) Many
b) Most
c) More
d) Much

7. Was there .... in the library?

a) Nothing
b) Anybody
c) Somebody
d) Nobody

8. What .... I do?

a) Might
b) Should
c) Am
d) Have

9. I can't go out tomorrow evening, because I have to .... my nephew.

a) Look up
b) Look after
c) Look for
d) Look at

10. Jason fell down the stairs and two of his .... were broken.

a) Teeth
b) Tooth
c) Toothes
d) Tooths

11. We have ...... seen that museum.

a) Ever
b) Already
c) Yet
d) No

12. I liked that film a lot, but the other is ....

a) Funny
b) More funny
c) Funnier
d) As funny

13. They haven't been in Madrid .... 1998.

a) At
b) On
c) For
d) Since

14. You .... arrive on time at the appointment.

a) Can't
b) Might
c) Must
d) Has to

15. The bird was sick, so my sister brought .... to the vet.

a) Her
b) My
c) We
d) It

16. She takes acting classes .... Wednesday.

a) At
b) To
c) On
d) In

17. The last piece of the cake was ....

a) My
b) You
c) Mine
d) She

18. .... has taken my keys.

a) Nobody
b) Somebody
c) Anybody
d) Everybody

19. He prepared all the dishes ....

a) Herself
b) Himselve
c) Himself
d) Myself

20. ...... time is Eli going back home?

a) What
b) When
c) Which
d) Where

Answers

1. d) Knives

Los sustantivos cuya forma singular acaban en "f" (en este caso, scarf) sufren cierta modificación a la hora de formar el plural. Se elimina la "f", sustituyéndose por una "-v-" y añadiendo la desinencia plural "-es".

2. d) Mine

Tenemos que usar el pronombre posesivo de la primera persona del singular, el cual es "mine".

3. d) Each

Se lo dio a cada uno de ellos, por lo tanto la opción correcta es "each".

4. b) Would

Se trata de un modal de cortesía, ya que es un ofrecimiento.

5. d) Themselves

La acción es realizada por un sujeto que corresponde a la 3.ª persona del plural, el pronombre reflexivo correcto es "themselves" ya que, además, se trata de un sustantivo irregular, se elimina la "f" de la forma en singular, sustituyéndose por una "-v-" y añadiendo la desinencia plural "-es".

6. b) Most

Para formar el adjetivo superlativo de adjetivos largos, se utiliza el adverbio "most".

7. b) Anybody

Se utiliza en oraciones interrogativas para preguntar por "alguien".

8. b) Should

Usamos el verbo modal "should" cuando se trata de pedir consejos o recomendaciones.

9. b) Look after

Es el "phrasal verb" correcto, ya que por el contexto de la oración, debemos utilizar un verbo que significa "cuidar, hacerse cargo de".

10. a) Teeth

Se trata del plural de "tooth", el cual es irregular, y, en lugar de colocar la desinencia "-s" como habitualmente, se sustituyen las "-o" por "-e".

11. b) Already

Con el presente perfecto, utilizamos el adverbio "already" en la forma afirmativa para enfatizar que la acción ya ha sucedido.

12. c) Funnier

Para usar los adjetivos en su forma comparativa, habitualmente se añade la terminación "-er" al adjetivo. En el caso de que estos acaben en "-y", se sustituye la misma por una "-i".

13. d) Since

Cuando se habla de un momento determinado en el pasado, en el que comenzó una acción, se utiliza "since".

14. c) Must

El verbo modal "must" va seguido de un verbo en infinitivo. Se emplea de hablar de prohibición u obligación de algo.

15. d) It

Los animales u objetos se sustituyen por el pronombre personal "it".

16. c) On

Para hablar de días de la semana, se emplea la preposición "on".

17. c) Mine

Tenemos que usar el pronombre posesivo de la primera persona del singular, el cual es "mine", ya que el resto de opciones son pronombres personales o determinantes posesivos.

18. d) Somebody

Al tratarse de una oración afirmativa, y cuyo sujeto desconocemos, debemos usar la opción "somebody".

19. c) Himself

El pronombre reflexivo de la tercera persona del singular masculino (he) sería "himself".

20. a) What

Para formar una oración interrogativa en la cual preguntamos por la hora, usamos la partícula interrogativa "what time".

Mock exam n.º 9

1. Are you .... TV at this moment?

a) Watching
b) Seeing
c) Looking
d) Look

2. A: I didn't like the book. B: .... did I.

a) Either
b) No
c) Neither
d) Didn't

3. Mary is really good .... playing tennis. Last month she won an important competition.

a) ---
b) At
c) In
d) Of

4. Johanna failed her exam because she .... five mistakes.

a) Made
b) Did
c) Done
d) Make

5. Don't be so .... Everything will be fine, so don't cry, please.

a) Sensible
b) Sensitive
c) Angry
d) Rude

6. They ...... to the cinema yesterday.

a) Did go
b) Went
c) Goed
d) Gone

7. Has you daughter finished her homework .... ?

a) Since
b) Already
c) Yet
d) Yesterday

8. You look ...... nice in your new suit.

a) Such
b) Many
c) Any
d) So

9. There's very .... juice. Could you buy some?

a) Few
b) Many
c) Little
d) Bit

10. My cousin Marco is studying Medicine ....

a) At university
b) On the university
c) At the university
d) University

11. I couldn't afford it, ... I bought it anyway.

a) And
b) If
c) ---
d) But

12. What she said is ridiculous. She ……… be joking.

a) Would
b) Can
c) Must
d) Should

13. They gazed into each ……… eyes.

a) Other
b) Other's
c) Others'
d) Others

14. My father's …… was established 50 years ago.

a) Work
b) Factory
c) Fabric
d) Employ

15. If you have any problems, I ……… help you.

a) Will
b) Won't
c) Am going to
d) Didn't

16. I think John will like that racket. He's very keen ……… sport.

a) At
b) In
c) By
d) On

17. My laptop was made ……… a Chinese company.

a) Of
b) By
c) In
d) From

18. Anthony's birthday party is .... next week.

a) In
b) On
c) At
d) ---

19. How .... does that T-shirt cost?

a) So
b) Much
c) Many
d) A lot

20. There weren't .... chairs left in the classroom.

a) No
b) Some
c) Any
d) The

Answers

1. a) Watching

Para hablar de "ver la televisión" en inglés, se emplea el verbo "watch", en este caso en gerundio, ya que estamos empleando el tiempo verbal "presente continuo".

2. c) Neither

"Neither" puede ser traducido por "tampoco"; se emplea en las oraciones afirmativas.

3. b) At

Cuando queremos expresar que alguien es bueno en algo, se emplea la expresión "be (conjugado en el tiempo verbal correspondiente) good at...".

4. a) Made

Para la expresión "cometer un error" se emplea el verbo "make", en este caso, sería en su forma de pasado "made" (se trata de un verbo irregular).

5. b) Sensitive

Se trataría de un "false friend" en español, ya que queremos usar la palabra "sensible" y una de las opciones es "sensible", la cual es igual en su forma al español. Sin embargo, su significado es "sensato" por lo que puede dar lugar a confusiones en el caso de no conocer su significado.

6. b) Went

En este caso, sería en su forma de pasado "went", ya que nos indica que es una acción que ocurrió en el pasado y se trata de un verbo irregular.

7. c) Yet

Al tratarse de una oración interrogativa con el tiempo verbal presente perfecto, se utiliza la partícula "yet" al final de la oración para preguntar si la acción "ya" ha sucedido.

8. d) So

Este adverbio refuerza el significado del adjetivo al que acompaña.

9. c) Little

En este caso, "very Little" se utiliza acompañando a un sustantivo incontable, como es "juice", para indicar que hay muy poco del sustantivo que se trate.

10. a) At university

Para hablar de universidad, tiene que ir acompañada de la preposición "at". A su vez, no se emplea el artículo determinado ya que no estamos concretando de qué universidad se trata.

11. d) But

Este conector se emplea para establecer contraste de dos ideas o situaciones que son contradictorias (a pesar de que no podía permitírmelo, me lo compré).

12. c) Must

El verbo modal "must", en este caso, se emplea para referirnos a que se trata de algo tan obvio que estamos convencidos casi con total seguridad, de que la situación que planteamos no puede ser de otra forma.

13. b) Other's

El uno en el otro, (each other) además, tiene genitivo sajón porque indica posesión.

14. b) Factory

Se trataría de un "false friend" en español, ya que queremos usar la palabra "fábrica" y una de las opciones es "fabric", la cual es similar en su forma al español. Sin embargo, su significado es "tela" por lo que puede dar lugar a confusiones en el caso de no conocer su significado.

15. a) Will

Se utiliza "Will" cuando se trata de un ofrecimiento voluntario de una persona para ayudar a otra.

16. d) On

Se trata de uno de los llamados "collocation" en inglés, adjetivos que van seguidos de una determinada preposición y tienen un significado concreto. En este caso "keen on" significa "interesado/aficionado en algo".

17. b) By

Empleamos la preposición "by" para introducir el complemento agente de una oración pasiva.

18. d) ---

En este caso, no es necesario poner ninguna preposición, por lo que la respuesta correcta sería la ausencia de cualquier palabra.

19. b) Much

Usamos la partícula interrogativa "how much" para preguntar por la cantidad existente de un sustantivo incontable, como es, en este caso, el dinero que cuesta algo.

20. c) Any

En oraciones negativas, usamos el adverbio "any" para expresar que no había algo.

Mock exam n.º 10

1. I'm busy today, but I .... visit you tomorrow if you like.

a) Can
b) Must
c) Can't
d) Mustn't

2. Does she like pop music?

a) Yes, I like
b) Yes, she does
c) Yes, she is
d) Yes, she did

3. They never .... before 10 o'clock on Sundays.

a) Gets up
b) Are getting up
c) Did get up
d) Get up

4. I took the driving test twice and failed .... times.

a) Much
b) Both
c) Either
d) Neither

5. You should bring your umbrella with you. I think it .... tonight.

a) Rains
b) Will rain
c) Is going to rain
d) Will rains

6. They had far .... problems than they expected.

a) A lot
b) Fewer
c) Few
d) Less

7. The theatre is .... to walk. I'll take the bus.

a) Too far
b) Far enough
c) Enough far
d) Too much far

8. If ...... children don't stop making so much noise, they will be punished.

a) This
b) That
c) There
d) Those

9. Your dog is .... than mine.

a) Biger
b) More big
c) More bigger
d) Bigger

10. I have to .... this book for my school's homework.

a) Resume
b) Summer
c) Sum up
d) Sum down

11. What did you have for .... yesterday?

a) Diner
b) The dinner
c) The diner
d) Dinner

12. The aeroplane from Rome ....

a) Have already arrived
b) Hasn't already arrived
c) Has already arrived
d) Already has arrive

13. She is 3 hours late. There .... be something wrong.

a) Must
b) Can
c) Can't
d) Shall

14. It was kind ...... the nurse her help.

a) From
b) Of
c) For
d) By

15. Have .... been invited to the meeting?

a) They
b) Their
c) Them
d) Theirs

16. That's ....

a) My
b) I
c) She
d) Mine

17. His girlfriend is .... the front of the queue.

a) In
b) At
c) On
d) From

18. You wear the blue shoes, and I'll wear ………

a) The others
b) Other
c) Another
d) Other's

19. ……… he ……… to the job interview yesterday?

a) Did/went
b) Was/gone
c) Does/go
d) Did/go

20. I've never seen ……… a beautiful city.

a) Very
b) So
c) Such
d) Much

Answers

1. a) Can

Uno de los usos verbo modal "can" es expresar posibilidad de que se produzca una acción.

2. b) Yes, she does

Sería esta opción, ya que la pregunta está formulada en presente simple, por lo que la respuesta ha de estar en el mismo tiempo verbal. Además, es necesaria la reafirmación con la forma del verbo auxiliar.

3. d) Get up

Se habla de una rutina, por lo que el verbo elegido ha de ser en presente simple. Por otra parte, al ser el sujeto la 3.ª persona del plural, el verbo sería "get", sin "-s".

4. b) Both

"Both" se emplea para expresar que ambas veces ocurrió lo mismo.

5. b) Will rain

Se emplea "Will" para realizar predicciones. Los verbos conjugados con esta forma de futuro nunca llevan "-s".

6. b) Fewer

La desinencia "-er" con adjetivos se emplea para formar el comparativo del mismo.

7. a) Too far

Sería "too far", para expresar que es demasiado.

8. d) Those

Se usaría "those" ya que es el determinante demostrativo en plural, debido a que acompaña a un sustantivo en plural (children).

9. d) Bigger

La desinencia "-er" con adjetivos se emplea para formar el comparativo del mismo. Por otra parte, al tratarse de un adjetivo cuya finalización es "consonante-vocal-consonante", se duplica la última consonante.

10. c) Sum up

En este caso, la opción que significa "resumir" es "sum up".

11. d) Dinner

La palabra "cena" en inglés, no lleva artículo. Por otra parte, su forma correcta escrita es "dinner".

12. c) Has already arrived

El sujeto de la oración es la 3.ª persona del singular, en este caso de presente perfecto. En este caso, la "c" sería la única opción correcta, tanto en el orden como en la forma en la cual está escrita.

13. a) Must

Se emplea el verbo modal "must" para indicar una deducción que hacemos debido a pruebas que nos indican que algo ha de ser así.

14. b) Of

Se emplea "kind *of* somebody" para expresar amabilidad de alguien al hacer algo.

15. a) They

Sería necesario el uso de un pronombre personal. "They" es la única opción posible.

16. d) Mine

Sería necesario el uso de un pronombre posesivo. "Mine" es la única opción posible.

17. b) At

Usamos la preposición "at" para hablar de ubicaciones de un punto de referencia concreto.

18. a) The others

Usamos "the others" para hablar de una alternativa específica de algo, en este caso, en plural.

19. d) Did/ go

Al tratarse de una acción que empezó y finalizó en el pasado, debemos usar el presente simple. Además, al tratarse de una oración interrogativa, debemos emplear el auxiliar en pasado (did) + sujeto + verbo a emplear en su forma en infinitivo.

20. c) Such

Si queremos hacer énfasis en la característica de algo (sustantivo contable en singular), hay que utilizar *such a/an* (+ adjetivo+ sustantivo contable singular).

Mock exam n.º 11

1. There wasn't .... I could do to help my friend.

a) Many
b) So
c) Some
d) Much

2. That coat it's far .... to fit inside your bag.

a) Too big
b) Enough small
c) Enough big
d) Small enough

3. Tom is exhausted. The baby has been crying all night, and she hasn't .... tonight.

a) Too sleep
b) Slept enough
c) Enough sleep
d) Too much sleep

4. The shopping centre is .... than it was five years ago.

a) Gooder
b) Beter
c) Best
d) Better

5. You can take .... buses the number 2 or the number 15 to get to the city centre.

a) Either
b) Both
c) Neither
d) After

6. Everybody goes shopping ...... days.

a) This
b) That
c) These
d) Theses

7. Which is the plural of "goose"?

a) Geeses
b) Goose
c) Gooses
d) Geese

8. She spent the evening studying .... her bedroom.

a) In
b) At
c) On
d) Of

9. Are those trousers .... ?

a) You
b) Your
c) Yours
d) Your's

10. Anna and John are not coming. .... are studying.

a) They
b) Their
c) Them
d) Theirs

11. Has she ever lived in Australia?

a) Yes, she is.
b) Yes, she have
c) Yes, she has
d) Yes, she had

12. That's the school .... my parents studied.

a) Which
b) Where
c) What
d) When

13. There are .... things I'd like to ask the teacher.

a) No
b) Some
c) Any
d) Much

14. If I had Johanna's phone number, ...

a) I had rung her
b) I will ring her
c) I didn't ring her
d) I'd ring her

15. You will very ill .... you stop smoking.

a) If
b) Unless
c) Both are correct
d) None is correct

16. They promised .... the house on Friday.

a) Clean
b) To clean
c) Cleaned
d) Cleaning

17. I left my jacket on my seat and it's no there now. Someone ....

a) Must took it
b) Must take it
c) Must have took it
d) Must have taken it

18. The students organized the festival ………

a) Themselves
b) Themself
c) Theyselves
d) Theirselves

19. How ……… is it from here to Barcelona?

a) Distant
b) Distance
c) Far
d) Long

20. She had a surgery, so she hasn't been able to work ……… 2 months.

a) While
b) For
c) Since
d) On

Answers

1. d) Much

En este caso, se trata de algo incontable, por lo que usaríamos "much".

2. a) Too big

Para expresar demasía, exceso, se emplea "too" (demasiado).

3. b) Slept enough

Se trata del tiempo verbal "presente perfecto", por lo que hay que usar el verbo en participio. Además, es la única que cumple el orden correcto de las palabras.

4. d) Better

Para indicar el adjetivo comparativo de "good" es un tanto diferente, ya que se trata de un adjetivo irregular. En este caso sería "better".

5. a) Either

Usamos "either" para decir que se pueden elegir una de las dos opciones.

6. c) These

Se corresponde con el determinante demostrativo en plural.

7. d) Geese

Se trata del plural de "goose", el cual es irregular y, en lugar de colocar la desinencia "-s" como habitualmente, se sustituyen las "-oes" por "-es".

8. a) In

Para indicar ubicación de algo o alguien dentro de un habitáculo u otro objeto, usamos "in".

9. c) Yours

Debemos escoger el pronombre posesivo, por lo que esta es la opción correcta.

10. a) They

Debemos seleccionar el pronombre personal de la 3.ª persona del plural (ellas).

11. c) Yes, she has

Al estar conjugada la pregunta en presente perfecto, ha de estar respondida de igual manera. En este caso, al tratarse de una respuesta corta, el verbo "have" ha de estar conjugado en presente "has" en el caso de la 3.ª persona del singular.

12. b) Where

Se trata de una oración de relativo. Al tratarse de un lugar (escuela) debemos usar el "relative clause" de lugar (where).

13. b) Some

"Some" se traduciría por "algunas", y se usa en oraciones afirmativas.

14. a) I'd ring her

Se trata de una segunda condicional, por lo que la segunda cláusula se forma con "would + verbo en infinitivo".

15. b) Unless

Se usa "unless" en lugar de "if not" en las oraciones condicionales.

16. b) To clean

El verbo "promise", cuando lleva un verbo inmediatamente después, va enlazado con "to".

17. d) Must have taken it

Se trata de un modal perfecto, que se conjuga con el verbo modal en cuestión (must) seguido del verbo principal en presente perfecto. Se usa para acciones pasadas.

18. a) Themselves

La acción es realizada por un sujeto que corresponde a la 3.ª persona del plural, el pronombre reflexivo correcto es "themselves" ya que, además, se trata de un sustantivo irregular, se elimina la "f" de la forma en singular, sustituyéndose por una "-v-" y añadiendo la desinencia plural "-es".

19. c) Far

Empleamos la partícula interrogativa "how far" para hablar de distancia existente entre dos lugares.

20. b) For

Usamos "for" para indicar la duración en el tiempo de alguna acción.

Mock exam n.º 12

1. There is only .... flour left.

a) Few
b) A few
c) Little
d) A little

2. I bought .... knife in the shop.

a) An Swiss army
b) A army swiss
c) A Swiss army
d) An army Swiss

3. By the time we .... the party had finished.

a) Had arrived
b) Were arrived
c) Had arrive
d) Arrived

4. Martha broke ...... her engagement.

a) Off
b) Up
c) Out
d) In

5. She promised she .... never cheat again.

a) Would
b) Won't
c) Will
d) Wouldn't

6. How many books has she .... from the library?

a) Lent
b) Borrow
c) Lend
d) Borrowed

7. That exercise ...... impossible to do.

a) Where
b) Were
c) Was
d) Has been

8. I saw the accident with .... own eyes.

a) Mine
b) My
c) Myself
d) Mineself

9. My car has broken .... I need to have it repaired.

a) Off
b) Up
c) In
d) Down

10. They have lived in Italy .... 2003.

a) From
b) Since
c) For
d) In

11. Look! .... a lot of chocolate on the table.

a) There was
b) There were
c) There is
d) There are

12. If you had to choose a city to live, which .... you decide?

a) Would
b) Will
c) Have
d) Wouldn't

13. The jacket cost .... much that I didn't buy it.

a) Very
b) So
c) Too
d) All of them can be used

14. I've only seen .... chapters of this TV show.

a) Little
b) Few
c) A few
d) A little

15. By 8 o'clock, everybody .... starving.

a) Were
b) Was
c) Had been
d) Was being

16. Her new pencilcase is similar .... mine.

a) Of
b) Than
c) To
d) From

17. The murderer was never caught and didn't pay .... his crimes.

a) Back
b) In
c) For
d) Off

18. Would you like .... to the cinema with us?

a) To come
b) Came
c) Coming
d) Come

19. If I .... I would tell you.

a) Knew
b) Known
c) Had known
d) Had knew

20. ...... is going on holiday with you?

a) Whose
b) Whom
c) What person
d) Who

Answers

1. d) A Little

Se usa "a little" para indicar que queda poca cantidad de un sustantivo incontable.

2. c) A Swiss army

El adjetivo siempre se coloca delante del sustantivo al que acompaña. Al empezar este por una letra consonante, se usaría el artículo "a".

3. d) Arrived

Una acción puntual que ocurrió en el pasado, por lo que el tiempo verbal correcto es presente simple.

4. a) Off

Para hablar de "romper un compromiso" se utiliza el "phrasal verb" "break off".

5. c) Will

Se usa "will" cuando se trata de promesas.

6. d) Borrowed

"Tomar prestado" en inglés es "borrow". En este caso, se trata de una oración en presente perfecto, por lo que hay que seleccionar la opción en participio pasado.

7. c) Was

Se trata de una oración en pasado, cuyo sujeto corresponde a la 3.ª persona del singular (it), por lo que la opción correcta es "was".

8. b) My

Ha de seleccionarse el determinante posesivo, ya que acompaña a un sustantivo.

9. d) Down

Cuando algo se avería, se usa el phrasal verb "break down".

10. b) Since

Cuando se habla de un momento determinado en el pasado, en el que comenzó una acción, se utiliza "since".

11. c) There is

Se emplea la forma en singular, ya que se trata de un sustantivo incontable, en presente simple, ya que es algo presente en el momento de hablar.

12. a) Would

Se trata de una segunda condicional, por lo que la segunda cláusula se forma con "would + verbo en infinitivo".

13. b) So

En ciertas ocasiones, tanto "so" como "very" pueden usarse indistintamente. Sin embargo, cuando detrás viene una oración con "that" (that clauses), se utiliza "so" y no "very".

14. c) A few

Se utiliza para indicar poca cantidad de un sustantivo contable.

15. b) Was

Para hablar de una acción puntual en el pasado, usamos presente simple.

16. c) To

La palabra "similar" en inglés, va siempre seguida de "to + something" (complemento régimen).

17. c) For

Se usa "pay for" cuando va seguido del producto/situación por lo que hay que pagar.

18. a) To come

La forma verbal "would like" va seguida de "to + infinitivo".

19. a) Knew

Se trata de una segunda condicional, por lo que la primera cláusula se forma con el verbo en pasado simple.

20. d) Who

La partícula interrogativa que se usa para preguntar por una persona es "who".

Mock exam n.º 13

1. .... he go to work by bus?

a) Has
b) Have
c) Do
d) Does

2. You shouldn't lend her any money, she never pays ....

a) Back
b) In
c) Off
d) Up

3. We are looking .... a nice Christmas tree.

a) Up
b) At
c) For
d) In

4. You are responsible ...... your dogs.

a) In
b) At
c) Of
d) For

5. Have you done your housework .... ?

a) Yet
b) Already
c) Still
d) Until

6. .... leader of the group was elected two months ago.

a) A
b) An
c) The
d) ---

7. The car crashed because it had .... burst tyre.

a) An
b) A
c) The
d) ---

8. Have you .... lived in another country?

a) Never
b) Yet
c) Ever
d) Already

9. I haven't visited my grandparents since ....

a) Today
b) Tomorrow
c) Now
d) Last week

10. Brazil is .... England.

a) Biger as
b) Biger than
c) Bigger than
d) Bigger as

11. Could you lend me ...... money?

a) Some
b) A
c) Many
d) One

12. .... I was studying at university, I met some nice people.

a) During
b) For
c) While
d) In

13. The plural of "box" is ....

a) Box
b) Boxs
c) Boxes
d) Box's

14. I started to work .... Monday.

a) At
b) On
c) In
d) During

15. Mark is really good .... learning languages.

a) In
b) Of
c) At
d) To

16. It was difficult .... control the situation.

a) To
b) Out
c) In
d) Under

17. Those shoes are ....

a) Him
b) Mine
c) They
d) His's

18. They .... to have a walk now.

a) Wants
b) Are wanting
c) Are want
d) Want

19. I forgot my jacket in .... classroom.

a) Here
b) There
c) Their
d) They're

20. .... you go to school yesterday?

a) Do
b) Have
c) Did
d) Has

Answers

1. d) Does

Tenemos que emplear el auxiliar "do", y en este caso la respuesta correcta sería "does" porque se trata de la 3.ª persona del singular.

2. a) Back

Se trata de un "phrasal verb", cuyo significado es "devolver dinero".

3. c) For

Para decir "buscar algo" en inglés, utilizamos el verbo "look" seguido de la preposición "for" + something.

4. d) For

Para decir "responsable de algo" en inglés, utilizamos "responsible" seguido de la preposición "for" + something.

5. a) Yet

Al tratarse de una oración interrogativa con el tiempo verbal presente perfecto, se utiliza la partícula "yet" al final de la oración para preguntar si la acción "ya" ha sucedido.

6. c) The

Al ser un sustantivo concreto, va acompañado del determinante artículo determinado, "the".

7. b) A

No especifica cuál de las ruedas es, y por tanto el sustantivo va acompañado del determinante indeterminado "a".

8. c) Ever

Usamos "ever" en oraciones interrogativas para referirnos a "alguna vez", especialmente en aquellas formadas con presente perfecto.

9. d) Last week

Al ir precedido de la preposición "since (desde)" la única opción correcta sería "last week".

10. c) Bigger tan

Se trata de una oración comparativa. El comparativo de un adjetivo se forma normalmente añadiendo la terminación "-er". En este caso, al terminar en consonante-vocal-consonante, se duplica la última consonante. Este adjetivo va seguido de la partícula comparativa "than".

11. a) Some

Usamos "some" para hablar de "algo de/un poco" en oraciones afirmativas con sustantivos incontables.

12. c) While

Se utiliza para hablar de un evento prolongado en el tiempo, en este caso pasado (mientras).

13. c) Boxes

Cuando un sustantivo acaba en consonante, normalmente para formar el plural se añade la terminación "-es".

14. b) On

Con los días de la semana, se utiliza la preposición "on".

15. c) At

Cuando queremos expresar que alguien es bueno en algo, se emplea la expresión "be (conjugado en el tiempo verbal correspondiente) good at".

16. a) To

El adjetivo "difficult" va seguido de "to + verbo en infinitivo".

17. b) Mine

Tenemos que emplear un pronombre posesivo. De todas las opciones, "mine" es la única opción perteneciente a esta categoría.

18. d) Want

Normalmente, los verbos que indican gusto o deseo, no suelen conjugarse en presente continuo, sino en presente simple. Por este motivo, y por el hecho de que el sujeto de la oración es la 3.ª persona del plural, la opción correcta es "want".

19. c) Their

En este caso, al acompañar un sustantivo, habría que elegir un determinante posesivo. De todas las opciones, "their" es la única opción perteneciente a esta categoría.

20. c) Did

Se trata de una oración en pasado, por lo que tenemos que usar el auxiliar "do" en este tiempo verbal, que en este caso es "did".

Mock exam n.º 14

1. Our final exam is .... the tenth of June.

a) For
b) On
c) While
d) At

2. I think she will be capable .... passing her exam.

a) Of
b) In
c) Off
d) At

3. .... he got a car?

a) Do
b) Is
c) Has
d) Does

4. There .... little milk left.

a) Is
b) Am
c) Were
d) Are

5. My niece ...... athletics twice a week.

a) Does
b) Goes
c) Plays
d) Play

6. I can't ...... any juice in the fridge.

a) See
b) Look at
c) Look
d) Watch

7. My cousin's husband .... the letter yet.

a) Don't have
b) Don't has
c) Doesn't has
d) Doesn't have

8. The only sport we enjoy is .... basketball.

a) The
b) On
c) A
d) ....

9. The show's .... been this bad before.

a) Already
b) Ever
c) Never
d) Sometimes

10. John is very interested .... superhero's comics.

a) Upon
b) In
c) On
d) Of

11. I'm going to the cinema ....

a) Tomorrow
b) Yesterday
c) In tomorrow
d) At yesterday

12. Which is the correct plural?

a) Mother- in- laws
b) Mother's – in- law
c) Mothers-in-law
d) All of them can be used

13. Lucy is .... in the class.

a) Best
b) The best
c) As good as
d) Better than

14. Would you mind if I ...... the door?

a) Closed
b) Closing
c) To close
d) Close

15. I will wait for you .... the mall's gate.

a) In
b) Between
c) At
d) On

16. They can't keep their children .... control.

a) Under
b) From
c) In
d) To

17. My brother spent 32 euros .... buying clothes.

a) At
b) In
c) On
d) To

18. Are you .... your breakfast?

a) Like
b) Enjoying
c) Enjoy
d) Liking

19. That is my friend .... car was stolen.

a) That
b) Who
c) Whose
d) Those

20. They .... for 8 hours.

a) Have studied
b) Was studying
c) Has studying
d) Have studying

Answers

1. b) On

Para fechas concretas, se utiliza la preposición "on".

2. a) Of

El adjetivo "capable" va seguido de "of + verbo en -ing".

3. c) Has

Para hablar de pertenencia, usamos el verbo "have got" el cual no posee auxiliar. En este caso, al ser una interrogativa, la estructura sería "have/has + suj+ verbo".

4. a) Is

Para indicar existencia de algo (hay) se utiliza "there is/there are". En este caso, al tratarse de un sustantivo incontable, usamos "there is".

5. a) Does

Al ser el sujeto una 3.ª persona del singular (she) empleamos la forma "is" del verbo to be.

6. a) See

Debido a su significado y al contexto, la opción más correcta sería "see" (ver).

7. d) Doesn't have

Se trata de la 3.ª persona del singular (he) por lo que la forma correcta sería "doesn't have".

8. d) ---

Con los deportes no se usa ningún tipo de determinante.

9. c) Never

La oración significa que nunca ha sido así de malo, por lo que la opción correcta sería "nunca (never)". Las otras opciones no tendrían sentido en la oración.

10. b) In

El adjetivo "interested" siempre va seguido de "in+something".

11. a) Tomorrow

Al ser un plan futuro (presente continuo) la única opción correcta sería la "c", ya que además, esta palabra nunca va precedida de preposición.

12. c) Mothers-in-law

En este caso se formaría el plural del sustantivo "mothers" y el complemento "in- law" se quedaría igual.

13. b) The best

Para indicar el adjetivo superlativo de "good" es un tanto diferente, ya que se trata de un adjetivo irregular, en sus formas comparativas y superlativas. En este caso sería "the best".

14. a) Closed

Se trata de una segunda condicional, cuya parte "if +…" va seguida de un verbo en past simple.

15. c) At

Cuando hablamos de que estamos ubicados en un punto de referencia concreto en espacio abierto, se utiliza la preposición "at".

16. a) Under

Para la expresión "mantener bajo control" usamos "keep under control".

17. c) On

Para la expresión "gastar dinero en algo" se forma "spend *on* + something".

18. b) Enjoying

Se trata de una pregunta en presente continuo, que se forma con la forma correspondiente del verbo "to be" en presente + sujeto + verbo -ing.

19. c) Whose

El pronombre relativo que indica posesión es "whose" (cuyo/a) por lo que es la opción correcta.

20. a) Have studied

La opción correcta sería el uso del presente perfecto, el cual se forma con el presente de "have"+ el participio pasado del verbo principal.

Mock exam n.º 15

1. My sister ……… lived in Belgium for 5 years.

a) Have
b) Has
c) Was
d) Is

2. My little nephew loves ………

a) Yellow bikes
b) Bikes yellow
c) Yelows bikes
d) Yellows bikes

3. I am looking forward …… you in spring.

a) To see
b) To seeing
c) See
d) Seeing

4. Who is that song sung ……… ?

a) Of
b) On
c) By
d) At

5. Louis didn't ……… anything about your accident.

a) Knows
b) Knew
c) Known
d) Know

6. What's .... favourite action film?

a) You
b) Your
c) Yours
d) Your's

7. Your history teacher ...... beautiful eyes.

a) Is
b) Was
c) Has
d) Have

8. I wish I .... a dog.

a) Had
b) Would had
c) Have
d) Would have

9. That boucket of daisies ...... good.

a) Stinks
b) Feels
c) Smells
d) Stink

10. Do you need .... flour for the cake?

a) Many
b) Much
c) Very
d) Something

11. Do you go to the cinema frequently?

a) Yes, I am
b) Yes, I do
c) Yes, I don't
d) Yes, I work

12. We usually have dinner .... 9 o'clock.

a) At
b) In
c) On
d) Of

13. Can you .... the TV?

a) Play
b) Take
c) Turn on
d) Ride

14. .... many people in the shopping centre last weekend.

a) There is
b) There are
c) There were
d) Were

15. She only .... one mistake in her maths test.

a) Make
b) Did
c) Done
d) Made

16. They were looking .... their lost dog.

a) To
b) At
c) On
d) For

17. You should drive .... That road is quite dangerous.

a) Careful
b) Carefully
c) Caring
d) Careless

18. I .... go to the hospital because I was ill.

a) Have to
b) Must
c) Had to
d) Must to

19. In .... end we didn't go to the cinema.

a) A
b) The
c) This
d) That

20. She didn't understand a word .... I was talking about.

a) That
b) Who
c) Whose
d) Which

Answers

1. b) Has

Se trata de una oración en presente perfecto. Al ser el sujeto la 3.ª persona del singular, sería "has + participio pasado del verbo principal".

2. a) Yellow bikes

En inglés el adjetivo nunca cambia para su forma en plural. Además, va colocado siempre delante del sustantivo al que acompañan.

3. b) To seeing

El "phrasal verb" "look forward" siempre va seguido de "to + verbo acabado en -ing".

4. c) By

Se trata de una oración pasiva, cuyo complemento agente siempre va introducido por la preposición "by".

5. d) Know

En este caso, se usa el verbo en infinitivo, ya que el tiempo verbal va indicado por el verbo auxiliar (did).

6. b) Your

La única opción válida es el determinante posesivo "your".

7. c) Has

Se trata de una oración en presente simple, que indica posesión y cuyo sujeto corresponde a la 3.ª persona del singular (she), por lo que la opción correcta es "has".

8. a) Had

Se trata de una oración en subjuntivo, que en este caso se forma con el pasado simple del verbo correspondiente.

9. c) Smells

Por su significado, la opción correcta es "smells" (oler).

10. b) Much

En este caso, se trata de algo incontable, por lo que usaríamos "much".

11. b) Yes, I do

La respuesta corta en este caso se forma con "yes/no + sujeto+ auxiliar en el tiempo verbal correspondiente".

12. a) At

Con las horas utilizamos la preposición "at".

13. c) Turn on

En inglés, encender algo es "turn on".

14. c) There were

Al ser una oración en pasado y tratarse de un sustantivo plural (people) usamos la forma de haber en pasado, en inglés sería "there were".

15. d) Made

Es una oración en pasado, y "cometer un error" en inglés se forma con el verbo "make", por lo que la forma correcta es "made".

16. d) For

"Buscar" en inglés se forma con el verbo "look" seguido de la preposición "for".

17. b) Carefully

Se trata de un adverbio de modo, que en este caso se forma con el adjetivo "careful" + la desinencia "-ly". Al terminar en consonante-vocal- consonante, se duplica la última consonante. Este adjetivo va seguido de la partícula comparativa "than".

18. c) Had to

Se trata de una oración en pasado, por lo que el verbo modal a utilizar sería "had to".

19. b) The

La expresión "al final" en inglés se expresa como "in the end".

20. a) That

El único nexo posible sería "that", ya que las otras son pronombres de relativo.

Mock exam n.º 16

1. I've .... cook some soup. It's very hot.

a) Yet
b) Still
c) Just
d) Ever

2. How often do you go to the theatre?

a) No, I don't
b) Yes, I do
c) Twice a month
d) Yes, I am

3. There weren't .... books left in the shop.

a) Much
b) Any
c) Some
d) A

4. I .... to the interview on the radio now.

a) Listen
b) Am listening
c) Hear
d) Am hearing

5. She's a teacher.

a) What's your job?
b) What's you job?
c) What's her job?
d) What's his job?

6. .... are they doing? They are playing basketball at school.

a) Where
b) Who
c) When
d) What

7. My aunt is .... work until 6 o'clock.

a) At
b) In
c) Over
d) On

8. When .... on holidays last summer?

a) You went
b) Did you went
c) Did you go
d) Do you go

9. I think he's a very .... person, I love chatting with him, because you always learn new things.

a) Interest
b) Interested
c) Interesting
d) desinterested

10. A bookshop is a place .... you can buy books.

a) When
b) Who
c) That
d) Where

11. When will you ...... paint the room?

a) Can
b) May
c) Must
d) Be able to

12. It is .... film I've ever watched

a) Funny
b) Funniest
c) The funniest
d) The funnier

13. Can you bring me the keys? I forgot them ....

a) In a chicken
b) In the chicken
c) In kitchen
d) In the kitchen

14. I see James everyday ...... the bus.

a) On
b) In
c) At
d) Between

15. If I .... you, I'd go with them.

a) Am
b) Was
c) Were
d) Are

16. I like reading short stories .... animals.

a) About
b) Of
c) From
d) At

17. I have never .... an article.

a) Wrote
b) Written
c) Write
d) Writen

18. Why did you .... that? It was very rude.

a) Tell
b) Say
c) Speak
d) Announce

19. I saw that job offer .... Facebook.

a) On
b) In
c) At
d) ---

20. At .... they have passed the exam.

a) Last
b) Lost
c) Less
d) Least

Answers

1. c) Just

Se utiliza "just" para indicar que una acción se acaba de realizar. Suele usarse con el presente perfecto, y se coloca entre el verbo "have" y el verbo principal de la oración.

2. c) Twice a month

La partícula "how often" se utiliza para preguntar por la frecuencia de algo, por tanto, la única opción válida es la "c", que indica frecuencia.

3. b) Any

En oraciones negativas, usamos el adverbio "any" para expresar que no había algo.

4. b) Am listening

Se indica que la acción está ocurriendo en el momento de hablar, por lo que debemos emplear el presente continuo. Por otra parte, cuando estamos escuchando algo con atención, se usa el verbo "listen".

5. c) What's her job?

Teniendo en cuenta que el sujeto de la oración que se nos presenta es "she", la única opción correcta sería la "c", ya que utiliza el determinante posesivo "her".

6. d) What

Para preguntar "¿qué?" utilizamos la partícula interrogativa "what".

7. a) At

Con las horas utilizamos la preposición "at".

8. c) Did you go

Al tratarse de una acción que empezó y finalizó en el pasado, debemos usar el presente simple. Además, al tratarse de una oración interrogativa, debemos emplear el auxiliar en pasado (did) + sujeto + verbo a emplear en su forma en infinitivo.

9. c) Interesting

Utilizamos el adjetivo con la terminación "-ing" para expresar cómo nos hace sentir, o qué percepción tenemos de algo/alguien.

10. d) Where

Se trata del pronombre de relativo que indica lugar.

11. d) Be able to

Se utiliza este modal, ya que está asociado a la posibilidad de realizar una acción en algún momento. Para indicar que se trata de futuro, se forma "will be able to".

12. c) The funniest

Para usar los adjetivos en su forma superlativa, habitualmente se añade la terminación "-est" al adjetivo. En el caso de que estos acaben en "-y", se sustituye la misma por una "-i". además, van precedidos del artículo "the".

13. d) In the kitchen

La forma correcta sería la "d", ya que contiene el artículo determinado "the".

14. a) On

Con los medios de transporte, se usa la preposición "on".

15. c) Were

Se trata de una segunda condicional, cuya primera cláusula se forma "if + pasado simple del verbo principal". Esta formación tiene una peculiaridad, que es que en el caso del verbo "to be", se conjuga de forma diferente a la habitual, siendo usada en todas las personas la forma "were".

16. a) About

Para decir sobre qué trata algo, empleamos la preposición "about".

17. b) Written

Al tratarse del presente perfecto, debemos usar el participio pasado del verbo.

18. b) Say

"Decir algo", en inglés se utiliza el verbo "say".

19. a) On

Para hablar de plataformas virtuales, páginas web, etc., usamos la preposición "on".

20. d) Least

"At least" significa "al menos".

Mock exam n.º 17

1. David has the same mobile phone .... John.

a) As
b) Of
c) Like
d) Than

2. .... clothes are on the second floor of the shop.

a) Woman
b) Womens
c) Women's
d) Woman's

3. The students .... do homework because it's summer holiday.

a) Have to
b) Must
c) Don't have to
d) Don't have

4. Do you know the boy .... mother works in a school?

a) Who
b) Who's
c) Whose
d) That

5. Sometimes I .... what the teacher explains.

a) Am not understand
b) Don't understand
c) Am not understanding
d) Don't understanding

6. If I buy that dress, I .... it to the graduation party.

a) Will wear
b) Am wearing
c) Wore
d) Have worn

7. We went to Venize .... our summer holiday.

a) On
b) In
c) Off
d) At

8. I want you .... me with the homework.

a) Help
b) Helping
c) To help
d) To helping

9. I don't mind .... on Sundays.

a) Working
b) To work
c) Work
d) To working

10. Your boyfriend is always late,.....?

a) Is it?
b) Isn't it?
c) Was he?
d) Isn't he?

11. Did you give the keys to .... ?

a) She
b) Her
c) Hers
d) Her's

12. I don't consider ...... a shy person.

a) Mine
b) Myselve
c) Myself
d) Mineself

13. Your mother always works .... hard.

a) Very
b) Much
c) Great
d) Many

14. My motorbike is .... than yours.

a) Faster
b) Fast
c) More faster
d) More fastest

15. Yesterday ...... was a very rainy day.

a) He
b) It
c) Its
d) It's

16. His grandmother is a very .... person.

a) Kidest
b) Kinder
c) Kid
d) Kind

17. Alice goes to the gym .... morning.

a) Very
b) All of
c) Every
d) Every of

18. I went to the Italian restaurant .... the corner of St Patrick street.

a) At
b) In
c) On
d) From

19. Jane never eats pasta ...... dinner.

a) For
b) In
c) On
d) From

20. Mike did .... exam.

a) Bad
b) The worse
c) The worst
d) The baddest

Answers

1. a) As

Para indicar que dos cosas son iguales se emplea la expresión "same as…".

2. c) Women's

Se trata del plural de mujer (women) seguido del genitivo sajón ('s).

3. c) Don't have to

Se utiliza esta forma de modal para indicar que no existe una obligatoriedad de cumplir algo, aunque tienen la posibilidad de realizarlo.

4. c) Whose

El pronombre relativo que indica posesión es "whose" (cuyo/a), por lo que es la opción correcta.

5. b) Don't understand

La forma correcta sería el presente simple en negativo. Se forma usando el auxiliar en su forma negativa (don't) seguido del verbo principal en infinitivo.

6. a) Will wear

Se trata de una oración 1.ª condicional en la cual si se da una circunstancia (en este caso BUY, en present simple) habrá una consecuencia (Will wear, en future simple).

7. a) On

Cuando se trata en periodos señalados, se utiliza la preposición "on".

8. c) To help

Cuando queremos expresar un deseo, que queremos que alguien haga algo (ej. Quiero que me ayudes), se formaría: suj + pres. simple + objeto + to+ verbo en infinitivo, es decir "I want you to help".

9. a) Working

El verbo "mind" va seguido de un verbo acabado en "-ing".

10. d) Isn't he?

Esta construcción "isn't it?" corresponde a "¿No es cierto?" El auxiliar y el pronombre se invierten en la forma interrogativa negativa.

11. b) Her

Se trata del pronombre acusativo, referente a la 3.ª persona del singular en femenino.

12. c) Myself

El pronombre reflexivo empleado para la 1.ª persona del singular es "myself".

13. a) Very

Para indicar una alta intensidad de un adjetivo, empleamos el adverbio "very".

14. a) Faster

Se trata de una oración comparativa. El comparativo de un adjetivo se forma normalmente añadiendo la terminación "-er". Este adjetivo va seguido de la partícula comparativa "than".

15. b) It

Tenemos que emplear el pronombre personal que correspondería con "yesterday", es decir "it".

16. d) Kind

Se usaría la forma "general", "básica" del adjetivo, es decir "kind".

17. c) Every

Cuando queremos expresar sobre un sustantivo que se trata de todos, usamos el determinante "every", indicando en este caso frecuencia.

18. a) At

Cuando hablamos de que estamos ubicados en un punto de referencia concreto en espacio abierto, se utiliza la preposición "at".

19. a) For

Para indicar que se toma algo para alguna comida, utilizamos la preposición "for" seguido de la comida del día que se trate en cada caso.

20. c) The worst

Para usar los adjetivos en su forma superlativa, habitualmente se añade la terminación "-est" al adjetivo. En este caso se trata de un adjetivo irregular, por lo que la forma correcta sería "worst", precedido del artículo "the".

Mock exam n.º 18

1. They always have .... work to do.

a) A lot of
b) Very
c) Lots of
d) Many

2. Josh has 2 pets. One is a dog, ... is a cat.

a) Others
b) The others
c) Another
d) The other

3. My best friend was worried .... his science exam.

a) Of
b) About
c) On
d) Over

4. I'm very interested in hockey. I know .... about it.

a) Anything
b) Nothing
c) Everthing
d) Someone

5. Would you like ...... hot chocolate?

a) Some
b) Many
c) An
d) A few

6. We are going to paint the house ....

a) Ourselves
b) Ourself
c) Uself
d) Ourself's

7. Gary has his money .... under the mattress.

a) Hid
b) Hidden
c) Hide
d) Hiden

8. My parents got married ....

a) Since 20 years
b) 20 years for
c) 20 years ago
d) For 1995

9. Their cat .... last summer.

a) Death
b) Dead
c) Is dead
d) Died

10. Our language teacher forced us to .... our homework in 10 minutes.

a) Did
b) Made
c) Make
d) Do

11. ...... year did Mary came to Spain?

a) When
b) What
c) Which
d) Why

12. My brother arrived .... I was having lunch.

a) While
b) Since
c) For
d) During

13. .... it snowing when you left the house this morning?

a) Has
b) Were
c) Was
d) Is

14. I met Sarah .... 2012.

a) For
b) In
c) On
d) Ago

15. Do you understand .... ?

a) He
b) Him
c) His
d) Hi

16. Anne speaks three languages. One is Chinese and .... one is Italian.

a) The other
b) Other
c) Another
d) The others

17. Chistian is very keen ...... sailing. He really wants to buy his own boat.

a) Of
b) About
c) At
d) On

18. Have you got any memories ……… your childhood?

a) Between
b) Of
c) For
d) To

19. …… king of Spain is called Felipe.

a) ---
b) A
c) The
d) An

20. She's tired …… working in a restaurant, so she's looking for another job.

a) For
b) Of
c) On
d) From

Answers

1. a) A lot of

"A lot of" se usa con sustantivos contables para indicar mucha cantidad. La diferencia con "much" y "many" es que "a lot of" se utiliza casi siempre en oraciones afirmativas.

2. d) The other

Usamos "the other" para hablar de una alternativa específica de algo.

3. b) About

Usamos "worried about something" para indicar preocupación por algo. Siempre va seguido de la preposición "about".

4. c) Everything

Cuando queremos especificar "todo" sin que vaya acompañado de qué cosas específicas son (sustantivos) usamos "everything".

5. a) Some

Utilizamos en este caso el determinante "some" para acompañar un sustantivo incontable en una oración interrogativa en la cual se hace un ofrecimiento.

6. a) Ourselves

La acción es realizada por un sujeto que corresponde a la 1.ª persona del plural, el pronombre reflexivo correcto es "ourselves" ya que, además, se trata de un sustantivo irregular, se elimina la "f" de la forma en singular, sustituyéndose por una "-v-" y añadiendo la desinencia plural "-es".

7. b) Hidden

"Hidden" es la forma correcta del participio de "hide", ya que se trata de un verbo irregular.

8. c) 20 years ago

Cuando queremos especificar hace cuánto tiempo comenzó o sucedió una acción o evento, lo hacemos con dicho periodo seguido de "ago".

9. d) Died

Se trata de una acción pasada, por lo que debemos usar dicha forma del verbo "die".

10. d) Do

Hay que usar la forma en infinitivo del verbo "do".

11. b) What

Para preguntar en qué año sucedió un evento, usamos la partícula interrogativa "what year", la cual equivale a "qué año".

12. a) While

Usamos "while" para referirnos a una acción que se lleva a cabo, mientras otra se produce a la misma vez.

13. c) Was

Se trata de una oración en pasado continuo, cuyo sujeto es "it". Por tanto, la opción correcta del pasado del verbo "to be" que debemos emplear es "was".

14. b) In

Para hablar de años, usamos la preposición "in".

15. b) Him

Al tratarse de un acusativo, esta sería la opción adecuada (a él).

16. c) Another

Para referirnos a "uno más", además del que ya hemos mencionado.

17. d) On

"To be keen on something" significa "ser aficionado a algo" es necesario el uso de la preposición "on" después del adjetivo.

18. b) Of

Se emplea la preposición "of" para hablar de memorias de algo.

19. c) The

Al ser un sustantivo determinado, ha de ir precedido del determinante artículo determinado "the".

20. b) Of

Cuando alguien está cansado de algo, y tiene pensado dejar de hacerlo, usamos "tired" seguido de la preposición "of" + something".

Mock exam n.º 19

1. There's a knitting book …… the shelf.

a) On
b) At
c) In
d) Between

2. How about ……… cup of tea?

a) An
b) A
c) ---
d) The

3. …… any chance of getting that job?

a) There is
b) There are
c) Are there
d) Is there

4. …… is the boy with the black cap?

a) Whom
b) Whose
c) Who
d) What

5. Teresa left ……… calculator in the classroom.

a) Yours
b) His
c) Hers
d) Her

6. We've run .... fruit. Can you go to the shop and buy some, please?

a) Over
b) Out of
c) Away
d) Down

7. I wanted to go to the U2 concert, ... all the tickets were sold out.

a) If
b) And
c) But
d) So

8. Every evening, I go to work ...... car.

a) By
b) On
c) For
d) In

9. Marty has .... a few plants in his garden.

a) Grew
b) Grows
c) Grown
d) Grow

10. I have already .... all the Christmas presents.

a) Buy
b) Bough
c) Boutgh
d) Bought

11. Mark and Louise are very good friends. They .... on very well.

a) Take
b) Get
c) Make
d) Put

12. Aunt Claire, please! .... us that story again!

a) Tells
b) Say
c) Said
d) Tell

13. My son hasn't called me ....

a) Already
b) Yet
c) Still
d) For

14. I think they .... go to university.

a) Will go
b) Will goes
c) Are gone
d) Will going

15. She .... already .... the dinner when you arrived.

a) Has/cook
b) Had/cook
c) Had/cooked
d) Will/cook

16. We need to .... with an idea to celebrate our wedding.

a) Get on
b) Come up
c) Try out
d) Hand out

17. Where are you .... for your holiday?

a) Gone
b) Going
c) Goes
d) Go

18. He told me he'd help me if he ......

a) Can
b) Be
c) Has been able
d) Could

19. If I ...... you, I wouldn'd call him.

a) Am
b) Was
c) Were
d) Would be

20. I'll do my homework .... I come home.

a) As soon as
b) Until
c) While
d) Before

Answers

1. a) On

Cuando indicamos que un objeto está "sobre la superficie de otro" se indica con la preposición "on".

2. b) A

Cuando hablamos de un sustantivo no determinado, cuyo nombre comienza por consonante, usamos el artículo indefinido "a".

3. d) Is there

Utilizamos "is there" ya que es una oración interrogativa, en la que se pregunta por la existencia de un sustantivo incontable (hay).

4. c) Who

Cuando preguntamos por una persona, usamos la partícula interrogativa "who".

5. d) Her

El determinante posesivo correspondiente a la 3.ª persona del singular femenino es "her".

6. b) Out of

Para expresar que algún producto ya se ha acabado, usamos la expresión "run out of + something".

7. c) But

En este caso, empleamos la conjunción "but" para hacer un contraste de ideas contrapuestas.

8. a) By

Para expresar el medio de transporte a través del cual nos vamos a desplazar, usamos la preposición "by".

9. c) Grown

Se trata de una oración en presente perfecto, el cual se forma con el presente del verbo "have" en su forma correspondiente y el participio pasado del verbo principal. En este caso, "grow" es irregular, y su participio pasado es "grown".

10. d) Bought

Se trata de una oración en presente perfecto, el cual se forma con el presente del verbo "have" en su forma correspondiente y el participio pasado del verbo principal. En este caso, "buy" es irregular, y su participio pasado es "bought".

11. b) Get

En inglés, "llevarse bien/congeniar" se expresa "get on".

12. d) Tell

Contar una historia, en inglés, se expresa con el verbo "tell".

13. b) Yet

Al tratarse de una oración negativa con el tiempo verbal presente perfecto, se utiliza la partícula "yet" para especificar que algo "aún" no ha sucedido, pero esperamos que pase.

14. a) Will go

Al ser una opinión personal o predicción de algo que sucederá en el futuro, sin pruebas que lo reafirmen, usamos el futuro con "Will".

15. c) Had/cooked

Se trata de una oración pasada que ocurrió y ya estaba finalizada antes que otra acción pasada. Por lo tanto, se expresa usando el pasado simple, formado por el pasado del verbo "have" y el participio perfecto del verbo principal.

16. b) Come up

"Come up with" es un "phrasal verb", significa "sugerir, trazar una idea o plan".

17. b) Going

Un futuro planificado se expresa usando presente continuo.

18. d) Could

Se utiliza la 2.ª condicional para hablar de situaciones hipotéticas, que no son reales. Su primera partícula (condición irreal) se usa con el pasado simple de un verbo.

19. c) Were

Se trata de una segunda condicional, cuya primera cláusula se forma "if + pasado simple del verbo principal". Esta formación tiene una peculiaridad, que es que en el caso del verbo "to be", se conjuga de forma diferente a la habitual, siendo usada en todas las personas la forma "were".

20. a) As soon as

La expresión "tan pronto como" "en cuanto" se forma en inglés "as son as".

Mock exam n.º 20

1. Mike is a very friendly person, ... ?

a) He is?
b) Is he?
c) He was
d) Isn't he?

2. Amy asked if .... wanted an orange juice.

a) Someone
b) No one
c) Anyone
d) Everyone

3. David .... up at 8.30 everyday.

a) Get
b) Gets
c) Take
d) Put

4. Lucy's .... working in that company for ten years.

a) Been
b) Had
c) Done
d) Be

5. What would you like to eat?...I don't mind.

a) Anyone
b) Anything
c) Nothing
d) Nowhere

6. This onion soup melts in …… mouth.

a) It
b) Its
c) Your
d) Yours

7. ……… days we spent in Madrid were awesome.

a) This
b) That
c) These
d) Those

8. You will receive an extra point ……… you hand in you review early.

a) Because
b) If
c) Unless
d) But

9. If Jimmy accepts that job, he ……… it all his life.

a) Has regretted
b) Is regretting
c) Will regret
d) Had regretted

10. That ……… a good idea to me.

a) Sounded
b) Is sounding
c) Sounds
d) Will sound

11. Baby Billy opened the box ………

a) Itself
b) Herself
c) Himself
d) Yourself

12. My friend ...... for the neighbours every Saturday.

a) Baby-sits
b) Baby-sat
c) Will baby-sit
d) Has baby-sat

13. I really want to go surfing .... summer.

a) ---
b) On
c) In
d) At

14. To .... did Jack lend his book?

a) Who
b) Whose
c) Whom
d) Which

15. How many times .... Thomas taken the exam?

a) Have
b) Has
c) Be
d) Been

16. Boys! I won't .... with that behaviour anymore, stop shouting!

a) Put up
b) Bring up
c) Com up
d) Put out

17. Next month Sally ...... eighteen.

a) Turns
b) Will turns
c) Will turn
d) Is going to turning

18. ……… film we watched yesterday is my favourite.

a) That
b) This
c) These
d) Those

19. Rachel will come tonight, …… ?

a) Will she?
b) Won't she?
c) Will her?
d) Won't her?

20. She looks tired. Did she have ……… sleep last night?

a) Too
b) Enough
c) ---
d) A lot

Answers

1. d) Isn't he

Esta construcción "isn't he?" corresponde a "¿No es cierto?" Se trata de una "question tag". El auxiliar (o el verbo principal, según el caso) y el pronombre se invierten en la forma interrogativa negativa (si el verbo estuviera en negativo en la oración principal, en la "question tag" se pondría afirmativo).

2. c) Anyone

Se trata de una oración interrogativa en estilo indirecto. Pregunta si "alguien" quiere. Al ser indirecta, se usaría el pronombre "anyone".

3. b) Gets

Al ser la 3.ª persona del singular y tratarse del presente simple, la forma correcta es "gets" que junto con la preposición "up" se forma un "phrasal verb" que significa "levantarse".

4. a) Been

Se trata de un verbo en presente perfecto, formado por el presente de have (en este caso al ser la 3.ª persona del singular y estar en su forma contracta es "'s") seguido del participio perfecto del verbo principal (to be es irregular).

5. b) Anything

"Anything" se usa en oraciones afirmativas para referirnos a cualquier cosa, que no tenemos preferencia por nada.

6. c) Your

Se trata del determinante posesivo, esta sería la opción correcta.

7. d) Those

Se usaría "those" ya que es el determinante demostrativo en plural (más lejano), debido a que acompaña a un sustantivo en plural (days).

8. b) If

Se trata se la conjunción "si" para oraciones condicionales.

9. c) Will regret

El uso de la 1.ª condicional para indicar que si se realiza una acción, probablemente ocurra una segunda en el futuro (se expresa con will).

10. c) Sounds

El sujeto de la oración sería "that", que se correspondería con el pronombre "it". La oración iría en presente simple, por lo que la opción "c" sería la correcta.

11. c) Himself

El pronombre reflexivo empleado para la 3.ª persona del singular masculino es "himself".

12. a) Baby-sits

Se trata de una rutina, por lo que se emplearía el presente simple. Es por ello que la opción correcta sería la "a".

13. c) In

Con las estaciones del año usamos la preposición "in".

14. c) Whom

"To whom" se utiliza para expresar "a quién", es decir, sobre quién recae la acción.

15. b) Has

Se trata de una oración en presente perfecto cuyo sujeto corresponde a 3.ª persona del singular, por lo que la opción correcta sería "has".

16. a) Put up

"Put up with + something" es un "phrasal verb" que significa "tolerar, soportar algo".

17. c) Will turn

Se trata de un hecho futuro que es inevitable que ocurra, por lo que se usa el futuro con "Will".

18. a) That

El determinante demostrativo singular que conlleva lejanía (no es algo presente, sino que ocurrió en el pasado) es "that".

19. b) Won't she

Esta construcción "won't she?" corresponde a "¿No es cierto?". El auxiliar y el pronombre se invierten en la forma interrogativa negativa. Se trata de una "question tag". El auxiliar (o el verbo principal, según el caso) y el pronombre se invierten en la forma interrogativa negativa (si el verbo estuviera en negativo en la oración principal, en la "question tag" se pondría afirmativo).

20. b) Enough

Significa "suficiente". Se coloca delante del sustantivo al que acompaña.

Mock exam n.º 21

1. .... three months, I will be travelling to Australia.

a) ---
b) In
c) At
d) On

2. Let's .... to the beach if the weather is fine tomorrow.

a) Going
b) Go
c) Went
d) Gone

3. We .... videogames when she arrived from the office.

a) Have played
b) Had played
c) Were playing
d) Have been playing

4. Wait a minute. I .... dressed.

a) Will get
b) Am getting
c) Got
d) Get

5. Amy suggested .... lunch at the park.

a) Have
b) Having
c) To have
d) Had

6. It was .... thing I've ever heard.

a) The most beautiful
b) Beautiful
c) The beautifulest
d) More beautiful

7. Doctors say that smoking is .... for your health.

a) Sick
b) Baddest
c) Bad
d) Wrong

8. Temple Bar is not far from Trinity College, you can visit .... in a day.

a) The both
b) Both
c) Either
d) Both of

9. The girls designed the decoration ....

a) Herself
b) Herselves
c) Themselves
d) Themself

10. Look! The aeroplane .... now.

a) Arrives
b) Had arrived
c) Is arrived
d) Is arriving

11. ...... coffee do you drink everyday?

a) How much
b) How many
c) How
d) When

12. I only listen …… the radio in the car.

a) At
b) ---
c) Of
d) To

13. Dogs are usually …… than cats.

a) Noisy
b) Noisyer
c) Noise
d) Noisier

14. They have own that shop ……… 2001.

a) For
b) While
c) In
d) Since

15. Jamie's parents don't want ……… married.

a) Him to get
b) Him get
c) Him gets
d) That he gets

16. We always have turkey ……… Christmas Eve.

a) ---
b) On
c) At
d) In

17. ……… did you go to the cinema with?

a) What
b) Whom
c) Who
d) Whose

18. My aunt always .... delicious cakes.

a) Is making
b) Make
c) Makes
d) Made

19. I'm looking for the street .... the photo was taken.

a) Who
b) What
c) When
d) Where

20. Why ...... late every time we meet?

a) He is
b) He was
c) Is he
d) Was he

Answers

1. b) In

Con periodos de tiempo, usamos la preposición "in".

2. b) Go

Se trata de una oración cuyo verbo aparece en forma imperativa, por lo que se usa el presente simple, con lo que la forma correcta sería "go".

3. c) Were playing

Se trata de una oración que estaba en proceso en el pasado cuando sucedió otra, por lo que se usa el pasado continuo.

4. b) Am getting

Se trata de una acción que está ocurriendo en el mismo momento de hablar, por lo que se emplea el presente continuo.

5. b) Having

El verbo "suggest" va seguido de un verbo en gerundio, es decir, acabado en "-ing".

6. a) The most beautiful

Se trata de la forma superlativa del adjetivo beautiful. Al tratarse de un adjetivo largo, no se le añade desinencia, sino que se forma "the most + el adjetivo en su forma habitual".

7. c) Bad

En este caso se emplearía el adjetivo en su forma básica, es decir, "bad".

8. b) Both

En oraciones afirmativas para indicar que dos sujetos realizan "ambos" la misma acción, se utiliza "both".

9. c) Themselves

El pronombre reflexivo de la tercera persona del plural (those children) sería "themselves".

10. d) Is arriving

Se trata de una acción que está ocurriendo en el mismo momento de hablar, por lo que se emplea el presente continuo.

11. a) How much

La partícula interrogativa correspondiente a cantidad con sustantivos incontables es "how much".

12. d) To

Se trata de un "colocation". El verbo "listen" siembre va seguido de un complemento régimen (en este caso siempre que escuchamos, tenemos que escuchar algo). Por ello, el verbo "listen" siempre va seguido de "to" + aquello que escuchamos.

13. d) Noisier

Añadimos la terminación "-er" para formar el comparativo de un adjetivo. Al acabar el adjetivo en "-y", esta se suprime y se sustituye por "i".

14. d) Since

Cuando se habla de un momento determinado en el pasado en el que comenzó una acción, se utiliza "since".

15. a) Him to get

Cuando queremos expresar un deseo, que queremos que alguien haga algo (ej. Quiero que me ayudes), se formaría: suj + pres. simple + objeto + to + verbo en infinitivo, es decir "they don't want him to get married".

16. b) On

Con periodos vacacionales o señalados que contengan la aclaración "day", o que sepamos que es un día concreto utilizamos la preposición "on".

17. c) Who

La partícula interrogativa correspondiente a las personas es "who".

18. c) Makes

Se trata de un hábito, es decir, se usaría el presente simple. La acción es llevada a cabo por un sujeto correspondiente a la 3.ª persona del singular, por lo que la opción correcta es la "c".

19. d) Where

Se trata de una oración de relativo, que se refiere a un lugar, por lo que la partícula correcta a usar sería "where".

20. c) Is he

Se trata de una oración interrogativa, que habla de un hábito, por lo que se usaría el presente simple invirtiendo el orden habitual, es decir, pondremos primero el verbo seguido del sujeto.

Mock exam n.º 22

1. I'm travelling to Dublin .... Holy Week.

a) On
b) In
c) ---
d) At

2. If you ...... hard, you will win the race.

a) Train
b) Trains
c) Trained
d) Will train

3. John has chickenpox. You .... call him.

a) May
b) Might
c) Should
d) Ought

4. A: "Thank you very much". B: ....

a) You are welcome
b) You are welcoming
c) You welcome
d) You are welcomed

5. You must go home early, ... ?

a) Must I
b) Mustn't I
c) Mustn't you
d) Have you

6. We ……… ten excellent days in Thailand.

a) Took
b) Spent
c) Did
d) Passed

7. Tokyo is the most crowded city ……… the world.

a) Over
b) In
c) At
d) On

8. I really need your ……… to do this.

a) Helps
b) Help
c) Helping
d) Helped

9. If I …… more, I would have passed my exam.

a) Study
b) Has study
c) Had study
d) Had studied

10. It ……… many times in winter in London.

a) Snowed
b) Snow
c) Snows
d) Has snowed

11. We were caught ……… a shower on our way to school.

a) With
b) At
c) By
d) In

12. I don't have .... furniture in my bedroom.

a) Much
b) Many
c) Too
d) Lot of

13. What time .... ?

a) You get up
b) Gets you up
c) Are you getting up
d) Do you get up

14. My brother is as .... as yours.

a) Tall
b) Taller
c) Tallest
d) Tallest than

15. It has been a long time .... I finished school.

a) When
b) Since
c) For
d) While

16. My father has just .... a letter from the Government.

a) Received
b) Receive
c) To receive
d) Receiving

17. I saw .... of my cousins last weekend.

a) None
b) No one
c) No
d) Nobody

18. Would you mind ……… me five euros?

a) Lending
b) Lend
c) Lent
d) To lent

19. My grandfather is reading ……… newspaper.

a) A today's
b) This day
c) Today
d) Today's

20. You can open the can ……… a knife.

a) By
b) To
c) With
d) Of

Answers

1. d) At

Para días festivos se utiliza la preposición "at".

2. a) Train

El uso de la 1.ª condicional para indicar que si se realiza una acción (presente simple), probablemente ocurra una segunda en el futuro (con will).

3. c) Should

Usamos el verbo modal "should" cuando se trata de dar consejos o recomendaciones.

4. a) You are welcome

La respuesta sería "de nada", que en inglés sería "you are welcome".

5. c) Mustn't you?

Esta construcción "mustn't he?" corresponde a ¿No es cierto?. El auxiliar y el pronombre se invierten en la forma interrogativa negativa. Se trata de una "question tag". El auxiliar (o el verbo principal, según el caso) y el pronombre se invierten en la forma interrogativa negativa (si el verbo estuviera en negativo en la oración principal, en la "question tag" se pondría afirmativo).

6. b) Spent

"Spend" en inglés, se utiliza para hablar de "pasar el tiempo, rato". Al tratarse de un verbo irregular y en pasado, la opción correcta es "spent".

7. b) In

Con "world", la preposición que se usa habitualmente sería "in", aunque en otros contextos esto puede variar.

8. b) Help

Se trata del uso de un sustantivo, que además es incontable, por lo que la opción correcta sería "help".

9. d) Had studied

Se utiliza la 3.ª condicional para hablar de situaciones que han ocurrido en el pasado y que no se pueden modificar. Su primera partícula se usa con el pasado perfecto de un verbo.

10. c) Snows

Es una acción habitual, por lo que se utiliza el presente simple. Al tratarse de fenómenos meteorológicos el sujeto de la oración es "it", por lo que la forma correcta sería "snows".

11. d) In

La expresión "caught in a shower" significa "pillados por un chaparrón".

12. a) Much

Utilizamos el determinante "much" para indicar "mucha cantidad" con sustantivos incontables.

13. d) Do you get up?

La estructura correcta sería auxiliar + sujeto + verbo.

14. a) Tall

Usamos "as + adjetivo +as" para comparar un elemento con otro (tan…como).

15. b) Since

Cuando se habla de un momento determinado en el pasado, en el que comenzó una acción, se utiliza "since".

16. a) Received

Se trata de una oración en presente perfecto, el cual se forma con el presente del verbo "have" en su forma correspondiente y el participio pasado del verbo principal.

17. a) None

Cuando queremos hablar de "ninguno" de un grupo concreto, usamos "none of + sustantivo" en oraciones afirmativas.

18. a) Lending

El verbo "mind" va seguido de un verbo en gerundio.

19. d) Today's

"Today's", con genitivo sajón, para referirnos, en este caso, al "periódico de hoy".

20. c) With

Utilizamos la preposición "with" para hablar de la herramienta con la cual podemos realizar la acción.

Mock exam n.º 23

1. .... did you do last Tuesday?

a) Where
b) When
c) What
d) Who

2. I saw you .... some clothes at the weekend.

a) Buying
b) Buy
c) Bought
d) To buy

3. Jane is fond of .... to hip hop.

a) Listen
b) To listen
c) Listened
d) Listening

4. Someone .... the door. Can you open it, please?

a) Knocks
b) Knock
c) Is knocking
d) Knocked

5. I asked Monica ...... she went to class.

a) And
b) Unless
c) If
d) But

6. In the competition we had to run .... we could.

a) As fast as
b) More fast
c) The most fast
d) Fastest

7. You will find the explanation in the book .... page 87.

a) In
b) On
c) ---
d) At

**8. Nowadays, the number of people who have internet on their phones is ....
than two years ago.**

a) Many
b) Several
c) Greater
d) Much

9. A new version of that mobile phone .... next month.

a) Will be shown
b) Will show
c) Had shown
d) Is going to show

10. Lily has .... new hat on.

a) His
b) Her
c) Hers
d) She

11. .... your favourite colour, blue or red?

a) Who
b) Why
c) Which
d) With

12. .... you like chocolate?

a) Do
b) Are
c) Does
d) Is

13. Bring you raincoat, ... will get wet.

a) If
b) And
c) Or
d) Unless

14. James and Joe were working. Their .... were at home.

a) Husbands
b) Aunts
c) Wives
d) Nieces

15. I don't think the economical situation .... next year.

a) Is going to improve
b) Will improve
c) Will improving
d) Is improved

16. I went to the cinema ....

a) On Tursday
b) On Thursday
c) In Thursday
d) At Tursday

17. She's the laziest person I ....

a) Meet
b) Am meeting
c) Have ever met
d) Have ever meet

18. Danny always brings a scarf .... it's cold.

a) In case
b) Despite
c) However
d) In spite of

19. I don't know ....

a) What are they
b) Where they are
c) That are they
d) What do they

20. I haven't met him ....

a) For ages
b) In Christmas
c) In Monday
d) Since ages

Answers

1. c) What

Partícula interrogativa cuyo significado es "qué".

2. a) Buying

Se usaría la forma del verbo "-ing" ya que se trata de un gerundio.

3. d) Listening

Tras un adjetivo y una preposición, como es el caso, suele ponerse un verbo en gerundio.

4. c) Is knocking

Se trata de una acción que está ocurriendo en el mismo momento de hablar, por lo que se emplea el presente continuo.

5. c) If

Se trata se la conjunción "si" para oraciones condicionales.

6. a) As fast as

Usamos "as + adjetivo + as" para el comparativo de igualdad (tan…como).

7. b) On

Cuando se habla de páginas de libros, se usa la preposición "on".

8. c) Greater

Añadimos la terminación "-er" para formar el comparativo de un adjetivo.

9. a) Will be shown

Se trata de una oración de futuro con "will" en su forma pasiva (Will + infinitivo de to be + participio pasado).

10. b) Her

En esta oración es necesario el empleo de un determinante posesivo referente a la 3.ª persona del singular en femenino (her).

11. c) Which

Partícula interrogativa cuyo significado es "cuál". Normalmente se utiliza cuando se dan unas opciones entre las cuales hay que elegir.

12. a) Do

Se utiliza el presente simple en interrogativa, por lo que hay que utilizar el auxiliar, "do".

13. c) Or

Uso de la conjunción "o" para contraponer ideas.

14. c) Wives

Los sustantivos cuya forma singular acaban en "f" (en este caso, "wife") sufren cierta modificación a la hora de formar el plural. Se elimina la "f", sustituyéndose por una "-v-" y añadiendo la desinencia plural "-es".

15. b) Will improve

Se trata de una previsión que se hace en base a nuestra opinión personal, por lo que se forma utilizando "will + verbo principal".

16. b) On Thursday

Los días de la semana se ponen con la preposición "on". La opción que está correctamente escrita sería la "b".

17. c) Have ever met

Se trata de una oración en presente perfecto, el cual se forma con el presente del verbo "have" en su forma correspondiente y el participio pasado del verbo principal.

18. a) In case

"En caso de", que en inglés sería "in case".

19. b) Where they are

Se trata de una oración interrogativa en estilo indirecto, por lo que cambiaría la estructura, siendo: partícula + sujeto + verbo.

20. a) For ages

"Desde hace años", cuya opción correcta sería "for ages".

Mock exam n.º 24

1. .... she ever been in Germany?

a) Did
b) Have
c) Has
d) Does

2. Joe went to Sweden ....

a) --- October
b) At October
c) On October
d) In October

3. Mary .... her father.

a) Seems
b) Looks
c) Looks like
d) Look

4. .... story in the newspaper is unbelievable.

a) An
b) This
c) Those
d) These

5. Despite the accident, there wasn't .... damage in Will's car.

a) Much
b) Many
c) All
d) Few

6. David was born .... May 6th.

a) At
b) In
c) From
d) On

7. .... are you so upset?

a) Do
b) Why
c) When
d) Who

8. .... old people usually don't like hip hop.

a) The
b) An
c) ---
d) A

9. Last week Lisa .... to Malaga for a job interview.

a) Went
b) Was go
c) Gone
d) Don't go

10. When .... birth?

a) Has she given
b) Did she give
c) Did she gave
d) She gave

11. .... cheescake?

a) Does her like
b) Likes her
c) Likes she
d) Does she like

12. Who did you go .... ?

a) Whit
b) Which
c) With
d) Witch

13. I am dark .... my sister is fair.

a) But
b) Or
c) Than
d) Because

14. .... there any fruit in the fridge?

a) Are
b) Does
c) Is
d) Has

15. My sister can .... very fast.

a) To run
b) Ran
c) Running
d) Run

16. The bank is .... the library.

a) On the front
b) In the front
c) On front
d) In front of

17. I .... to the beach in winter.

a) Never go
b) Much go
c) Go never
d) Go a lot of

18. Lucy is a .... student than me.

a) Gooder
b) Good
c) Better
d) Worst

19. Jane has ...... Italian lesson on Friday.

a) My
b) His
c) Her
d) Your

20. I hate having a shower .... morning.

a) At the
b) On
c) In the
d) For

Answers

1. c) Has

Se utiliza el presente perfecto, al tratarse del sujeto de la 3.ª persona del singular, se utilizaría "has".

2. d) In October

Los meses del año siempre van precedidos de la preposición "in".

3. c) Looks like

Cuando queremos referirnos a que alguien se parece físicamente a otra persona, utilizamos "look like", al tratarse de la 3.ª persona del singular en presente, le añadiríamos "-s" al verbo.

4. b) This

Tendríamos que utilizar el determinante demostrativo en singular "this".

5. a) Much

Con sustantivos incontables, usamos el determinante de cantidad "much".

6. d) On

Con fechas concretas, siempre usamos la preposición "on".

7. b) Why

Para preguntar por algún motivo, utilizamos la partícula interrogativa "why".

8. c) ---

En este caso, no se utilizaría ningún tipo de determinante, por lo que la opción correcta sería la "c", ya que hablamos de la gente mayor en general.

9. a) Went

Tendríamos que usar el pasado simple del verbo. Al tratarse de un verbo irregular, la forma correcta sería "went".

10. b) Did she give

Al tratarse de una oración interrogativa en pasado simple, la estructura sería: "partícula interrogativa + auxiliar en pasado (did) + sujeto + verbo en infinitivo".

11. d) Does she like

Al tratarse de una oración interrogativa en presente simple, la estructura sería: "auxiliar en presente para 3.ª persona del singular (does) + sujeto + verbo en infinitivo".

12. c) With

Para preguntar con quién se realiza una acción, usamos la partícula interrogativa de persona (who) + estructura de la pregunta habitual + with (la preposición siempre iría al final en una pregunta).

13. a) But

En este caso, empleamos la conjunción "but" para hacer un contraste de ideas contrapuestas.

14. c) Is

Se utilizaría la estructura "is there" ya que estamos preguntando por la existencia de algo, por lo que se invertiría la estructura habitual.

15. d) Run

El verbo modal "can" va seguido siempre de un verbo en infinitivo sin "to".

16. d) In front of

La forma correcta de expresar ubicación frente a algo corresponde a la expresada en la opción "d".

17. a) Never go

Se trata de una oración en presente simple, ya que indica hábito o, en este caso, ausencia del mismo. La partícula temporal "never" siempre va entre el sujeto y el verbo principal.

18. c) Better

Se trata de una oración comparativa, por lo que hay que formar dicha estructura del adjetivo "good". Al ser un adjetivo irregular, su forma es "better".

19. c) Her

Se requiere el uso del determinante posesivo que, al ser el sujeto correspondiente a la 3.ª persona del singular en femenino, sería su forma correcta "her".

20. c) In the

Para hablar de momentos del día, usamos la preposición "in". Además, al ser un momento concreto, siempre va acompañado del artículo determinado "the".

Mock exam n.º 25

1. This teacher is .... than the other one.

a) Interester
b) Interesting
c) Interested
d) More interesting

2. I would like .... you this weekend.

a) Calling
b) To call
c) Call
d) Called

3. .... boys over there are twins.

a) This
b) Those
c) That
d) These

4. That book was ...... by Shakespeare.

a) Write
b) Writes
c) Written
d) Wrote

5. I put your keys .... the table.

a) At
b) A
c) On
d) In

6. I've had the same car .... I left university.

a) From
b) Since
c) For
d) When

7. Jamie wants to learn Japanese .... he likes learning languages.

a) Or
b) And
c) But
d) Because

8. I am sitting .... Angela and Liza at school.

a) Between
b) Among
c) Besides
d) But

9. Is there ...... food left in the fridge?

a) A
b) Some
c) An
d) Any

10. Marco hasn't visited his family .... 2012.

a) From
b) Since
c) On
d) Between

11. The best picture is ....

a) Of Chris
b) Chris's
c) Chris'
d) Chris

12. Their son .... three years old.

a) Has
b) Is
c) Have
d) Are

13. They always work ...... evenings.

a) At
b) In the
c) On
d) On the

14. .... you enjoy teaching?

a) Do
b) Does
c) Have
d) Are

15. .... you .... yet?

a) Has/ate
b) Have/ate
c) Have/eaten
d) Have/eat

16. Are you Portuguese?

a) Yes, you are
b) Yes, he is
c) No, I'm
d) Yes, I am

17. I have .... studied for my science exam.

a) Already
b) Yet
c) Had
d) Since

18. Madonna hasn't played a concert in Spain ……… five years.

a) On
b) From
c) Of
d) For

19. Mum went to the supermarket ……… buy some food for lunch.

a) Order to
b) To
c) For
d) For to

20. They have always enjoyed ……… photos.

a) Took
b) Taken
c) Taking
d) To taking

Answers

1. d) More interesting

Se trata de la forma comparativa del adjetivo interesting. Al tratarse de un adjetivo largo, no se le añade desinencia, sino que se forma "more than + el adjetivo en su forma habitual".

2. b) To call

La forma verbal "would like", cuando va seguida de un verbo, siempre se forma con "to + infinitivo del verbo".

3. b) Those

En esta oración es necesario utilizar el determinante demostrativo de lejanía en plural (those).

4. c) Written

Al ser una oración pasiva, hay que usar el participio pasado del verbo principal. El verbo "write" es irregular, por lo que su forma correcta es la que aparece en la opción "c".

5. c) On

Para indicar que un objeto está sobre una superficie, empleamos la preposición "on".

6. b) Since

Cuando se habla de un momento determinado en el pasado, en el que comenzó una acción, se utiliza "since".

7. d) Because

Cuando queremos expresar la causa, o el motivo de algo, utilizamos la conjunción "because".

8. a) Between

Cuando queremos expresar ubicación entre dos cosas o personas, utilizamos la preposición "between".

9. d) Any

En oraciones interrogativas, cuando hablamos de sustantivos incontables, usamos "any".

10. b) Since

Cuando se habla de un momento determinado en el pasado, en el que comenzó una acción, se utiliza "since".

11. c) Chris'

Se trata de un genitivo sajón. Al tratarse de un nombre propio que acaba en "-s", simplemente se añadiría el apóstrofo.

12. b) Is

Cuando se habla de la edad, a diferencia del castellano, se utiliza "to be" (ser). El sujeto de la oración correspondería a la 3.ª persona del singular (son=he), por lo que la forma correcta del verbo que ha de usarse es "is".

13. b) In the

Para hablar de momentos del día, usamos la preposición "in". Además, al ser un momento concreto, siempre va acompañado del artículo determinado "the".

14. a) Do

Se trata de una oración interrogativa en presente simple, cuyo sujeto es "you", por lo que la forma correcta del verbo auxiliar a utilizar sería "do".

15. c) Have/eaten

Se utiliza el presente perfecto, al tratarse del sujeto de la 2.ª persona del singular, se utilizaría "have", seguido en este caso del participio perfecto del verbo irregular "eat", que sería "eaten".

16. d) Yes, I am

La respuesta correcta sería, "yes/no + sujeto + verbo to me en forma afirmativa o negativa según el caso". Por ello, la única opción correcta sería la "d".

17. a) Already

Con el presente perfecto, utilizamos el adverbio "already" en la forma afirmativa para enfatizar que la acción ya ha sucedido.

18. d) For

Para expresar una acción que se ha prolongado durante un periodo de tiempo, utilizamos la preposición "for".

19. b) To

Para indicar propósito, finalidad, lo hacemos usando "to + infinitivo del verbo".

20. c) Taking

El verbo "enjoy" siempre va acompañado de un verbo en gerundio.

Mock exam n.º 26

1. Do you want me ...... you back home?

a) Drop
b) To drop
c) Dropped
d) Drops

2. My friend Anna is more cheerful .... Mikaela.

a) Than
b) As
c) Such
d) That

3. .... Rachel .... to the cinema tomorrow?

a) Is/coming
b) Is/come
c) Has/come
d) Do/comes

4. What ...... yesterday in the office?

a) Did you did
b) Did you done
c) You did
d) Did you do

5. Lily .... she wanted to study medicine.

a) Talked
b) Told
c) Said
d) Said me

6. Are they preparing the party with .... ?

a) We
b) Our
c) Ours
d) Us

7. I ...... a delicious dish yesterday evening.

a) Have cooked
b) Have cook
c) Cooked
d) Had cooked

8. John has .... black T-shirts in his wardrobe.

a) Some
b) Any
c) Much
d) A

9. I'm ...... my keys. Have you seen them?

a) Looking after
b) Looking like
c) Looking to
d) Looking for

10. You .... wash the dishes now. You can do it later.

a) Have to
b) Don't have to
c) Must
d) May

11. My great grandmother lived in Badajoz .... 1954 to 1982.

a) In
b) Between
c) From
d) Among

12. My little brother is learning to ....

a) Make bed
b) Make the bed
c) Do the bed
d) Do one bed

13. Very .... people know the real meaning of that picture.

a) Few
b) Little
c) A few
d) Fews

14. Both trains go to the city centre, so you can take ....

a) Both
b) Neither
c) Either
d) Whenever

15. That is the office .... I work.

a) What
b) When
c) That
d) Where

16. Cadiz, ... is in the south of Spain, is a great city to visit.

a) Where
b) That
c) Which
d) Who

17. My .... to university takes an hour by bus.

a) Trip
b) Journey
c) Travel
d) Road

18. I don't need you, I can fix the car ....

a) Myself
b) Ourself
c) Herself
d) Itself

19. Her birthday is on the ...... of July.

a) Eighteen
b) Eighty
c) Eigtheenth
d) Eighteenth

20. Josh has a lot of ...... to do this week.

a) Works
b) Work
c) Job
d) Career

Answers

1. b) To drop

Cuando queremos expresar un deseo, que queremos que alguien haga algo (ej. Quiero que me ayudes), se formaría: suj + pres. simple + objeto + to + verbo en infinitivo, es decir "want me to drop you".

2. a) Than

Para el comparativo de igualdad en el caso de adjetivos largos, se usa la estructura "more + adjetivo + than".

3. a) Is/ coming

Se trata de una oración interrogativa en presente continuo. Por tanto, la opción correcta en este caso sería "is + sujeto 3.ª persona singular+ verbo principal -ing".

4. d) Did you do

Es una oración interrogativa en pasado, por lo que se pone el verbo auxiliar en pasado (did) seguido del sujeto y el verbo principal en infinitivo.

5. c) Said

Es una oración en estilo indirecto, introducida por un verbo de expresión. Debido a la estructura de esta en concreto, se usa el verbo "say" en pasado, ya que pone directamente lo que dice, sin ningún tipo de nexo o conjunción (tipo "that").

6. d) Us

"Con nosotros", en este caso se hace necesario el uso del pronombre de objeto de la 1.ª persona del plural (us).

7. c) Cooked

Se trata de una oración que comenzó y finalizó en el pasado, por tanto, el tiempo verbal correcto en este caso es el pasado simple.

8. a) Some

El determinante de cantidad indefinido que se usa en oraciones afirmativas con sustantivos contables es "some".

9. d) Looking for

"Buscar" en inglés se forma con el verbo "look" seguido de la preposición "for". En este caso está conjugado en presente continuo.

10. b) Don't have to

Este verbo modal se usa para indicar que la acción se puede hacer, aunque no es de una forma obligatoria.

11. c) From

Para hablar del punto en el que comenzó un periodo (intervalo) de tiempo en el cual sucede una acción y del cual señalamos la finalización del mismo, utilizamos la preposición "from".

12. b) Make the bed

"Hacer la cama" en inglés de expresa con el verbo "make". En este caso es necesario el uso del determinante artículo para acompañar el sustantivo.

13. a) Few

"Very few" se emplea en oraciones afirmativas con sustantivos contables, para indicar que hay muy pocos.

14. c) Either

Usamos "either" para decir que se pueden elegir una de las dos opciones.

15. d) Where

Se trata del pronombre relativo para indicar lugares.

16. c) Which

Se trata del pronombre relativo usado para personas o cosas. Puede ser sujeto u objeto de la oración.

17. b) Journey

"Journey" se utiliza cuando queremos referirnos al trayecto, al desplazamiento en sí mismo, no al destino en sí.

18. a) Myself

Se trata del pronombre reflexivo correspondiente a la 1.ª persona del singular (I), el cual es el sujeto de la oración.

19. d) Eighteenth

Esta sería la forma correcta de escribir el ordinal del número 18, modo en el cual se expresan las fechas en inglés.

20. b) Work

Para hablar de tareas, acumulación de trabajo, usamos el sustantivo incontable "work".

Mock exam n.º 27

1. The question .... to be more difficult than it really is.

a) Appears
b) Looks
c) Look like
d) Seems

2. Teenagers can't enter in the pub ...... they are accompanied by an adult.

a) If
b) As long as
c) Providing
d) Unless

3. Next month I'm going on a 5-day .... to Portugal.

a) Trip
b) Voyage
c) Travel
d) Journey

4. The concert was played .... the bad weather.

a) If
b) Despite
c) Though
d) Already

5. My best friend .... Samantha.

a) Called
b) Calls
c) Are calling
d) Is called

6. If you ...., I .... pick you up.

a) Wanted/----------
b) Want/had
c) Want/will
d) Will want/ ----------

7. I .... just .... the bus.

a) Has/take
b) Have/taken
c) Have/taking
d) Have/taked

8. .... money have you got in your wallet?

a) What
b) How much
c) How many
d) Which

9. The children ...... a bath right now.

a) Have
b) Are having
c) Has
d) Had

10. The teacher brought .... treats because it was her birthday.

a) A lot
b) Some
c) A
d) Any

11. She's waiting for you ...... the car.

a) In
b) Under
c) On
d) Between

12. Those students .... twenty years old.

a) Have
b) Is
c) Are
d) Do

13. Jessica .... an appoinment with the doctor tomorrow at 9.30.

a) Has
b) Will have
c) Had
d) Is having

14. .... you help me to clean the house, please?

a) Must
b) Have
c) Should
d) Can

15. .... your students passed all their exams?

a) Do
b) Did
c) Have
d) Are

16. Some people .... studying German now.

a) Is
b) Will
c) Do
d) Are

17. She gets .... at about 5 in the evening.

a) Home
b) Hers home
c) The home
d) To home

18. My brother .... some presents yesterday in that shop.

a) Brought
b) Brougth
c) Bought
d) Bhought

19. Excuse me, sir. .... I have the bill, please?

a) Am
b) Do
c) Would
d) Could

20. Those are .... glasses.

a) John's
b) Ours
c) Hers
d) John'

Answers

1. d) Seems

Cuando queremos expresar la idea de que "da la sensación de…" algo "aparentemente parece…" utilizamos el verbo "seem". En este caso, al ser en presente simple y siendo el sujeto 3.ª persona del singular, se le añadiría "-s".

2. d) Unless

Se usa "unless" en lugar de "if not" en las oraciones condicionales o con el significado "salvo que…".

3. a) Trip

Se usa generalmente para hablar de un viaje concreto (incluso una excursión) en el que se da por hecho una estancia en el lugar de destino.

4. b) Despite

Para expresar "a pesar de…" usamos en inglés la expresión "despite".

5. d) Is called

Para expresar cómo se llama a alguien, se usa la voz pasiva. Por ello, y teniendo en cuenta el sujeto, la respuesta "d" sería la correcta.

6. c) Want/Will

Se trata de una oración de la 1.ª condicional, cuyo primer verbo (condición) iría en presente simple, y el resultado en futuro con "Will".

7. b) Have/taken

Se trata del presente perfecto simple, formado por el presente de have + participio pasado del verbo principal. Se usa este tiempo verbal, ya que se trata de una acción que comenzó en el pasado, pero cuyas consecuencias y/o resultados afectan de algún modo al presente.

8. b) How much

La partícula interrogativa de cantidad correspondiente para sustantivos incontables (como es "money") es "how much".

9. b) Are having

Se trata de una oración que ha de ir en presente continuo, ya que se indica que está sucediendo en el momento que se habla.

10. b) Some

El determinante de cantidad indefinido que se usa en oraciones afirmativas con sustantivos contables es "some".

11. a) In

Cuando queremos expresar ubicación en el interior de un habitáculo, usamos la preposición "in".

12. c) Are

Se trata de una oración que ha de ir en presente continuo, ya que se indica que está sucediendo en el momento que se habla. Al corresponderse el sujeto con la 3.ª persona del plural, la forma correcta del verbo sería la opción "c".

13. d) Is having

Se trata de una cita concertada en el futuro, con fecha y hora establecida, por lo que se usaría el presente continuo.

14. d) Can

Se usaría este modal debido a que se está preguntando por la posibilidad de algo a alguien cercano.

15. c) Have

Se usa el presente perfecto, el cual se forma con el presente del verbo "have" y el verbo principal en participio pasado, ya que se trata de una acción ocurrida en el pasado con resultados o consecuencias en el presente.

16. d) Are

Se trata de una oración que ha de ir en presente continuo, ya que se indica que está sucediendo en la actualidad.

17. a) Home

Habitualmente, el sustantivo "home" no va precedido de ningún tipo de determinante.

18. c) Bought

La opción "c" es la que se corresponde con la forma correcta de escribir el pasado de "buy", un verbo irregular.

19. d) Could

Se utiliza "could" para expresar de un modo más formal una petición.

20. a) John's

Se trata de la expresión de posesión a través del genitivo sajón. Normalmente este se forma con el apóstrofo seguido de "-s", es decir "'s".

Mock exam n.º 28

1. Is David .... flatmate?

a) Me
b) Your
c) You
d) Yours

2. We are arriving ...... Málaga at 19.30.

a) ---
b) At
c) In
d) On

3. My uncle is a doctor. He .... in a hospital.

a) Work
b) Working
c) Works
d) Workes

4. Barcelona is the city .... I would like to live in the future.

a) Who
b) Where
c) What
d) When

5. Anthony loves .... the drums.

a) Touching
b) Putting
c) Playing
d) Feeling

6. My sister is married ...... an actor.

a) With
b) To
c) For
d) From

7. Emma .... in New York twice this year.

a) Is
b) Has been
c) Have been
d) Has being

8. Jessica, ... wants to be a vet, doesn't like cows.

a) Who
b) That
c) Which
d) Whose

9. .... you agree?

a) Are
b) Have
c) Do
d) Is

10. It is .... that AC DC are playing a concert in Spain next summer.

a) Said
b) Say
c) Says
d) Saying

11. Cathy is Italian. .... family is from Milano.

a) His
b) Hers
c) Her
d) Its

12. My parents .... wild animals.

a) Don't like
b) Doesn't like
c) Doesn't likes
d) Don't likes

13. Apart .... English, Brian is also studying Spanish.

a) Of
b) From
c) For
d) On

14. I don't like going shopping at Christmas, shops are really .... !

a) Crowd
b) Crowding
c) Crowdn
d) Crowded

15. Elo is .... a shower at this moment.

a) Having
b) Going
c) Coming
d) Doing

16. Joseph taught .... to read and write Chinese.

a) Themselves
b) Herself
c) Himself
d) Itself

17. Ade hasn't passed ...... of her exams.

a) Any
b) Some
c) A
d) Much

18. Theo is as .... as Maximiliam. Both are 19 years old.

a) Older
b) Oldest
c) Olden
d) Old

19. How .... chocolate have you eaten today?

a) Many
b) Old
c) Some
d) Much

20. We are arriving .... the airport tomorrow evening.

a) In
b) On
c) At
d) To

Answers

1. b) Your

En este caso necesitamos emplear el determinante posesivo correspondiente a la segunda persona del singular.

2. c) In

Cuando en inglés hablamos de "llegar a + una ciudad/país" se utiliza la preposición "in".

3. c) Works

Se trata de una acción más o menos permanente, por lo que se usaría en presente simple. Al tratarse el sujeto de la 3.ª persona del singular, se le añade la desinencia "-s" al verbo.

4. b) Where

Habría que poner en la oración el pronombre de relativo referente a lugares, por lo que la opción correcta sería la "b".

5. c) Playing

El verbo "love" habitualmente, cuando va seguido de un verbo, este se pone en su forma de gerundio.

6. b) To

Se trata de un "collocation". En inglés, para expresar "casado con..." se pone "married" seguido de la preposición "to".

7. b) Has been

Para acciones que han ocurrido en un periodo de tiempo, pero dicho periodo no ha finalizado aún, se utiliza el presente perfecto. Al tratarse el sujeto de la 3.ª persona del singular, sería "has+ participio pasado del verbo principal.

8. a) Who

En esta oración habría que usar el pronombre relativo de personas "who" ya que se refiere al sujeto.

9. c) Do

En inglés, el verbo "agree" (estar de acuerdo) lleva intrínseco en su significado la forma "estar". Por tanto, a la hora de conjugarlo, nunca se pone el verbo "to be", sino que se conjuga con el verbo auxiliar "do" como se haría con cualquier otro verbo.

10. a) Said

"Se dice", se trataría de una oración pasiva, la cual se forma con el verbo "to be" en el tiempo verbal que corresponda, y el participio pasado del verbo "say" que, al ser irregular, sería "said".

11. c) Her

El determinante posesivo correspondiente a la 3.ª persona del singular en femenino sería "her".

12. a) Don't like

La forma negativa del verbo like se forma con la forma negativa del auxiliar y el infinitivo del verbo correspondiente.

13. b) From

Para decir "aparte de…" en inglés, se formaría con "apart + from".

14. d) Crowded

El adjetivo se formaría añadiendo la terminación "-ed" al sustantivo "crowd".

15. a) Having

Se trata de una acción que ocurre en el momento de hablar, por lo que es necesario añadir el verbo en gerundio correspondiente.

16. c) Himself

El pronombre reflexivo de la 3.ª persona del masculino singular es "himself".

17. a) Any

En oraciones negativas, para indicar "ninguno" se indica con "any".

18. d) Old

En el comparativo de igualdad, se utilizan los adjetivos en su forma "base", por lo que la opción correcta sería la "d".

19. d) Much

La partícula interrogativa de cantidad correspondiente a sustantivos incontable es "much".

20. c) At

La expresión "llegar a un lugar pequeño (escuelas, supermercados…)" se indica usando el verbo arrive + preposición "at".

Mock exam n.º 29

1. I haven't tidied my bedroom ………

a) Still
b) Yet
c) Already
d) Until

2. They ……… to a jazz concert tonight.

a) Are going
b) Go
c) Went
d) Will go

3. That pub is very quiet. There ……… nobody there tonight.

a) Aren't
b) Are
c) Is
d) Isn't

4. If I ……… it previously, I wouldn't have arrived so late.

a) Knew
b) Will know
c) Have known
d) Had known

5. Jason works ……… a cleaner in that school.

a) Of
b) As
c) From
d) In

6. We …… to the beach last summer.

a) Had went
b) Have gone
c) Went
d) Are going

7. I met my little cousin while we were ……… the bus.

a) In
b) On
c) Of
d) At

8. …… she …… books very often?

a) Do/read
b) Do/reads
c) Does/reads
d) Does/read

9. My father is very proud of my sister, who has a university degree ……… medicine.

a) In
b) On
c) Of
d) At

10. France is much ……… Belgium.

a) Biger than
b) Biggest than
c) Biggest
d) Bigger than

11. …… you like some orange juice?

a) Will
b) Would
c) Can
d) Might

12. The Amazon is the ...... longest river.

a) World
b) Worlds
c) World's
d) Worrdl's

13. John told .... that he was exhausted that morning.

a) Me
b) I
c) My
d) Mine

14. I'd like ...... to Marbella this summer.

a) To go
b) Going
c) Gone
d) Go

15. Dave isn't very keen .... football. He only watches the most important matches.

a) In
b) For
c) On
d) About

16. I've never .... sushi, because I don't like fish.

a) Eat
b) Eaten
c) Ate
d) Eating

17. He .... to work this morning because he was really sick.

a) Didn't comes
b) Hasn't came
c) Hadn't come
d) Didn't come

18. We always get up .... 8 o`clock.

a) At
b) Under
c) In
d) Of

19. You must not .... in class.

a) Smoking
b) Smoked
c) Smoke
d) To smoke

20. While the teacher ...., Lisa fell asleep.

a) Explaining
b) Had been explaining
c) Were explaining
d) Was explaining

Answers

1. b) Yet

Al tratarse de una oración negativa con el tiempo verbal presente perfecto, se utiliza la partícula "yet" para especificar que algo "aún" no ha sucedido, pero esperamos que pase.

2. a) Are going

Se trata de una cita concertada en el futuro, con fecha y hora establecida, por lo que se usaría el presente continuo.

3. c) Is

Al formarse la oración con la palabra "nobody" (nadie) ya está indicada la negación de la misma, por lo que el verbo va en su forma afirmativa.

4. d) Had known

Se trata de una 3.ª condicional, ya que expresa una acción que gustaría modificar, pero no se puede, ya que ocurrió en el pasado. La cláusula de "if…" se forma con el pasado perfecto.

5. b) As

La expresión "trabajar como…" en inglés, se forma con el verbo "work" seguido del adverbio "as".

6. c) Went

Se trata de una acción que sucedió (y finalizó) en el pasado, por lo que se usa el pasado simple.

7. b) On

Generalmente, cuando hablamos de ir en el autobús, se usa la preposición "on".

8. d) Does/read

Se trata de una oración interrogativa en presente simple, cuyo sujeto corresponde a la 3.ª persona del singular. Por tanto, su estructura será "does + sujeto + verbo en infinitivo (sin "to" y sin "-s" al final, ya que lo lleva el auxiliar).

9. a) In

Para hablar de especialización de titulaciones, usamos la preposición "in".

10. d) Bigger than

Se trata de un comparativo de superioridad, el cual se forma añadiendo la desinencia "-er" seguido de "than". En este caso, se duplica la letra "g", ya que sus últimas (y únicas en este caso) letras son consonante-vocal-consonante.

11. b) Would

Para ofrecimientos cordiales, se utiliza el modal "would".

12. c) World's

Se requiere el uso del genitivo sajón. La opción "c" es la forma correcta de escribirlo en este caso.

13. a) Me

Se usaría en este caso el pronombre personal de objeto.

14. a) To go

Se trata de la forma condicional "would like" (gustaría), la cual siempre va seguida de "to" más el verbo principal en infinitivo.

15. c) On

"To be keen on something" significa "ser aficionado a algo" es necesario el uso de la preposición "on" después del adjetivo.

16. b) Eaten

Se trata de una oración en presente perfecto, por lo que el verbo principal tiene que ir en participio pasado ("eat" es irregular).

17. d) Didn't come

Es una oración negativa en pasado, por lo que se pone el verbo auxiliar en pasado en su forma negativa (didn't) seguido del sujeto y el verbo principal en infinitivo.

18. a) At

Las horas van siempre precedidas de la preposición "at" (a las…).

19. c) Smoke

El verbo modal "must not" se usa para expresar que no está permitido hacer algo. Va siempre seguido de un verbo en infinitivo.

20. d) Was explaining

Para hablar de una acción pasada que implica un proceso o periodo prolongado de tiempo, utilizamos el pasado continuo (was/were+ verbo en gerundio). La opción "d" es la correcta, ya que el sujeto corresponde a la 3.ª persona del singular.

Mock exam n.º 30

1. Mrs. Williams always come ...... car.

a) The
b) By
c) In
d) On

2. There .... pizzas in the oven.

a) Was
b) Have
c) Are
d) Is

3. If I were you, I .... to your girlfriend and say you are sorry.

a) Talk
b) Talked
c) 'd talk
d) Have talked

4. What is .... name? It is Jack.

a) Her
b) Its
c) He
d) His

5. Tom bought some new cooking ....

a) Knife
b) Knifes
c) Knive
d) Knives

6. How .... do you weight?

a) Kilos
b) Many
c) Much
d) Far

7. .... house is this? This is Jane's house.

a) Who
b) What
c) Whose
d) When

8. There is .... food in the fridge if you are hungry.

a) Some
b) A
c) Any
d) Something

9. When I arrived, my sister .... studying maths.

a) Studies
b) Studyied
c) Was studying
d) Had been studying

10. Please, give .... these books.

a) Your
b) Him
c) He
d) His

11. A deaf person .... hear anything.

a) Does
b) Can
c) Can't
d) Must

12. Sarah lives .... 15, Main Street.

a) Of
b) In
c) From
d) At

13. Can I .... the window? It's really cold.

a) To close
b) Closing
c) Close
d) closed

14. A: How .... are you? B: I'm Twenty years old.

a) Many years
b) Old
c) Much
d) Older

15. .... Marshall your English teacher?

a) Is
b) Are
c) Does
d) Were

16. Your bedroom is so messy! Please, pick all your things ....

a) From
b) Up
c) Of
d) At

17. Our basketball team set .... early this morning from the airport.

a) On
b) Of
c) Off
d) Apart

18. Olivia loves children. She can play with them .... hours.

a) At
b) Of
c) By
d) For

19. Mary and Jerry decided to .... married in two years' time.

a) Start
b) Join
c) Get
d) Have

20. If you are .... you should drink something.

a) Thirsty
b) Hungry
c) Angry
d) Tired

Answers

1. b) By

Cuando hablamos de la forma en la cual se produce un desplazamiento, utilizamos la preposición "by".

2. c) Are

Al tratarse de existencias de un sustantivo contable en plural el verbo "to be" iría conjugado "are".

3. c) 'd talk

Se utiliza la 2.ª condicional para hablar de situaciones hipotéticas, que no son reales. Su segunda partícula (lo que supuestamente sucedería) se usa con "would+ infinitivo".

4. d) His

Se trata del determinante posesivo correspondiente a la 3.ª persona del singular masculino.

5. d) Knives

Se trata de un sustantivo irregular, se elimina la "f" de la forma en singular, sustituyéndose por una "-v-" y añadiendo la desinencia plural "-es".

6. c) Much

Al no indicarse la medida de la que estamos hablando, se trata como un sustantivo incontable, por lo que la partícula interrogativa correcta es "how much".

7. c) Whose

Se trata de la partícula interrogativa de posesión "de quién".

8. a) Some

"Food" es un sustantivo incontable. Al tratarse de una oración afirmativa, el determinante a usar es "some".

9. c) Was studying

Para hablar de una acción pasada que implica un proceso o periodo prolongado de tiempo, utilizamos el pasado continuo (was/were + verbo en gerundio). La opción "d" es la correcta, ya que el sujeto corresponde a la 3.ª persona del singular.

10. b) Him

Se trata del pronombre de objeto correspondiente a la 3.ª persona del singular masculino.

11. c) Can't

Para hablar de ausencia de habilidad o capacidad, usamos el verbo modal "can" en su forma negativa.

12. d) At

Cuando hablamos de que estamos ubicados en un punto de referencia concreto en espacio abierto, se utiliza la preposición "at".

13. c) Close

El verbo "can" siempre va seguido de un verbo en infinitivo.

14. b) Old

Para preguntar por la edad, se utiliza la partícula interrogativa "how old".

15. a) Is

El verbo "to be" no necesita verbos auxiliares en su forma interrogativa o negativa. Al tratarse el sujeto de una 3.ª persona del singular, se usaría "is".

16. b) Up

"Pick+ something+ up". Se trata de un "phrasal verb" que significa "recoger + el objeto o la persona del que se hable"

17. c) Off

"Set off". Este "phrasal verb" significa "salir/despegar".

18. d) For

Para hablar de periodos de tiempo, utilizamos la preposición "for".

19. c) Get

"Casarse" en inglés, se expresa "get married".

20. a) Thirsty

Por el contexto, se deduce que la persona necesita beber algo, por lo que está sediento. El adjetivo correspondiente es el que se expresa en la opción "a".

Mock exam n.º 31

1. It isn't my fault, it is ....

a) You
b) Your
c) Yours
d) Your's

2. .... you like to come to the cinema with us on Saturday?

a) Could
b) Would
c) Why
d) When

3. .... do you usually eat for breakfast?

a) What
b) Who
c) With
d) Why

4. I like that picture .... the wall.

a) In
b) On
c) Behind
d) At

5. The wallet is .... the keys and my glasses.

a) In
b) Enter
c) Between
d) Above

6. He bought Aerosmith's .... album yesterday.

a) New
b) Newer
c) Most new
d) Newest

7. .... a pirateship?

a) Did you ever see
b) Do you ever see
c) Have you ever seen
d) Have you ever saw

8. I would like .... to an Italian restaurant.

a) To go
b) Go
c) Going
d) Gone

9. Cristiano Ronaldo plays .... football.

a) The
b) An
c) A
d) ---

10. My grandfather only .... us on Sunday.

a) Call
b) Calls
c) Called
d) Is calling

11. Did you go to the festival .... ?

a) Yesterday
b) Now
c) Tomorrow
d) Today

12. If you don't know the meaning of that word, you should look it .... in a dictionary.

a) Above
b) Up
c) Over
d) Under

13. The match was so boring that the audience .... asleep.

a) Put
b) Fell
c) Was
d) Got

14. This is David, and that's ...... brother.

a) Her
b) He
c) Him
d) His

15. Alex .... speak English very well.

a) Don't
b) Aren't
c) Doesn't
d) Isn't

16. A: .... have you met? B: We have met at 6 o'clock

a) Where
b) What time
c) How old
d) Which time

17. After having a shower, I .... dressed.

a) Got
b) Put
c) Hat
d) Wore

18. Dad was sleeping on the sofa .... he was exhausted.

a) However
b) Because
c) Unless
d) If

19. Eve is sure she put down the notes ....

a) Anywhere
b) Someone
c) Somewhere
d) Everywhere

20. Yesterday she met Gonzalo, ... brother is living in Manhattan.

a) Who
b) Whose
c) Which
d) That

Answers

1. c) Yours

En esta oración, se requiere el uso de un pronombre posesivo, por lo que la opción correcta es la "c".

2. b) Would

Para ofrecimientos cordiales, se utiliza el modal "would".

3. a) What

La partícula interrogativa de objetos (¿Qué?) corresponde a la opción "a".

4. b) On

Para objetos que están sobre una superficie (ya sea en horizontal o vertical) utilizamos la preposición "on".

5. c) Between

Para indicar ubicación entre dos cosas o personas, utilizamos la preposición "between".

6. d) Newest

Se trata del "más nuevo", por lo que se necesita un adjetivo en forma superlativa. Para su formación, normalmente se añade el sufijo "-est" a la forma base del adjetivo.

7. c) Have you ever seen

Al preguntar si algo ha sucedido "alguna vez", se utiliza el presente perfecto. Al tratarse de una oración interrogativa, la estructura a seguir sería "presente de have + sujeto + participio perfecto del verbo".

8. a) To go

El verbo modal "would" va seguido de "to + verbo en infinitivo".

9. d) ---

Los deportes no llevan ningún tipo de artículo.

10. b) Calls

Se trata de un hábito, por lo que se utiliza el presente simple. Al ser el sujeto una 3.ª persona del singular, se le añade el sufijo "-s".

11. a) Yesterday

Se trata de una acción pasada, por lo que hay que usar un adverbio que indique pasado. Por tanto, la opción correcta es la "a".

12. b) Up

Para expresar "buscar en el diccionario" en inglés, utilizamos el phrasal verb "look up".

13. b) Fell

"Fall asleep" es la combinación cuyo significado es "quedarse dormido".

14. d) His

El determinante posesivo correspondiente a la 3.ª persona del singular masculino es "his".

15. c) Doesn't

La forma negativa del presente simple de cualquier verbo requiere el verbo auxiliar "do" en negativo. En este caso se elige la opción "c" porque el sujeto es 3.ª persona del singular.

16. b) What time

La opción "b" corresponde a la partícula interrogativa para las horas.

17. a) Got

"Get dressed" significa "vestirse".

18. b) Because

La opción "b" es la correcta, ya que es una conjunción que indica causa, motivo.

19. c) Somewhere

"Somewhere" es el adverbio que indica "en algún lugar/parte".

20. b) Whose

Se trata del pronombre relativo que indica posesión. Puede ser traducido como "cuyo/cuya".

Mock exam n.º 32

1. You need .... pair of scissors to cut that paper.

a) A
b) An
c) Some
d) Two

2. They fell .... love when they were studying at university.

a) On
b) In
c) Over
d) Into

3. I like travelling ...... boat in summer.

a) Over
b) In
c) By
d) Of

4. Are there .... girls in your swimming class?

a) Some
b) Any
c) An
d) A

5. I prefer beer .... wine.

a) Than
b) From
c) To
d) Then

6. The floor is slippery, so be careful you don't ………

a) Fall over
b) Give up
c) Get along
d) Go off

7. There is ……… milk in my coffee.

a) A
b) An
c) Any
d) No

8. We are going to the park, boys! Put your shoes ………

a) On
b) In
c) Inside
d) At

9. Be quiet!... is coming upstairs.

a) Somewhere
b) Anyone
c) Someone
d) Something

10. ……… he was driving, he had an accident.

a) Despite
b) Instead
c) So
d) While

11. Anais lives in Roquetas, ……… is a beautiful village at the coast.

a) Which
b) Where
c) With
d) Who

12. Mym mum is really good ……… sewing.

a) In
b) Whit
c) On
d) At

13. How many times ……… today?

a) Has you eat
b) Have you eaten
c) Did you eat
d) You ate

14. It ……… a lot yesterday morning.

a) Has rained
b) Had rained
c) Rains
d) Rained

15. Joseph is ……… the phone right now.

a) At
b) On
c) Above
d) Of

16. My cousins and I ……… very well. We usually go out together.

a) Get on
b) Cut off
c) Carry out
d) Take over

17. ……… love is like a butterfly.

a) A
b) ---
c) An
d) The

18. Cathy is afraid of ……… by aeroplane.

a) Travel
b) To travel
c) Travelling
d) Travelled

19. The sun ……… in the east.

a) Rose
b) Rise
c) Rises
d) Rising

20. They have lived in Madrid ……… 2008.

a) Of
b) For
c) During
d) Since

Answers

1. a) A

En este caso, utilizamos el determinante indefinido (a) que significa "un/una".

2. b) In

"Fall in love", este "phrasal verb significa "enamorarse".

3. c) By

Cuando hablamos de la forma en la cual se produce un desplazamiento, utilizamos la preposición "by".

4. b) Any

En oraciones negativas, usamos el adverbio "any" para expresar que no había algo/alguien.

5. c) To

Para expresar preferencias, nombramos el objeto 1 (el que preferimos) + to + objeto 2 (el que no es de nuestra preferencia).

6. a) Fall over

Este "phrasal verb" significa "caerse", por lo cual es el que encaja en el contexto de la oración.

7. d) No

Utilizamos la negación "no" seguida del sustantivo correspondiente, para indicar ausencia del mismo.

8. a) On

"Put on", este "phrasal verb" significa "ponerse una prenda, vestirse".

9. c) Someone

"Someone" se traduciría por "alguien", y se usa en oraciones afirmativas para referimos a personas cuya identidad desconocemos.

10. d) While

Usamos "while" para referirnos a una acción que se lleva a cabo, mientras otra se produce a la misma vez.

11. a) Which

Se trata del pronombre relativo usado para personas o cosas. Puede ser sujeto u objeto de la oración.

12. d) At

Cuando queremos expresar que alguien es bueno en algo, se emplea la expresión "be (conjugado en el tiempo verbal correspondiente) good "at".

13. b) Have you eaten

Se trata de una oración en presente perfecto, el cual se forma con el presente del verbo "have" en su forma correspondiente y el participio pasado del verbo principal. Se utiliza este tiempo verbal porque el periodo de tiempo aún no ha acabado, por lo que puede darse más veces la acción.

14. d) Rained

Se trata de una oración pasada que ya finalizó, por lo que hemos de usar el pasado simple del verbo.

15. b) On

Para decir que alguien está "al teléfono", utilizamos la preposición "on".

16. a) Get on

La opción correcta es la "a", ya que este "phrasal verb" significa "llevarse bien".

17. b) ---

Esta oración no requiere del uso de ningún tipo de artículo que preceda la palabra "love", ya que estamos hablando del amor en general.

18. c) Travelling

Habitualmente, después de una preposición, el verbo va en forma de gerundio (no siempre es así, pero en este caso se cumple).

19. c) Rises

Se trata de algo que ocurre siempre así, por lo que se utiliza el presente simple del verbo.

20. d) Since

Cuando se habla de un momento determinado en el pasado, en el que comenzó una acción, se utiliza "since".

Mock exam n.º 33

1. Hannah .... never late to work.

a) Is
b) Has
c) Will
d) Were

2. ...... do you want to go to the cinema?

a) Who
b) When
c) How long
d) Whose

3. If you work tomorrow, you .... go to bed early.

a) Will
b) May
c) Mustn't
d) Should

4. You will pass the exam .... you study hard.

a) Unless
b) However
c) If
d) Despite

5. I don't know .... at this party.

a) None
b) Nobody
c) Anywhere
d) Anyone

6. .... you finish your homework, you won't go out today.

a) If
b) However
c) As well as
d) Unless

7. That is my friend .... father works as a postman.

a) That
b) Whose
c) Who
d) Why

8. The Olympic Games .... every four years.

a) Are held
b) Are hold
c) Are holded
d) Were hold

9. Thank you ...... coming to our house.

a) To
b) Of
c) For
d) About

10. George .... my family last summer in Malaga.

a) Meets
b) Met
c) Meet
d) Meeted

11. .... I arrived, everyone was sleeping.

a) While
b) When
c) Why
d) For

12. Lucy .... me her best friend three weeks ago.

a) Presents
b) Presented
c) Introduce
d) Introduced

13. Those are .... books.

a) Louis
b) Louis'
c) Louis's
d) Of Louis

14. Tim is 16 and Mike is 19. Tim is .... Mike

a) The oldest
b) Younger than
c) Younger that
d) Older than

15. Ellis found the police office ......

a) Myself
b) Yourself
c) Itself
d) Herself

16. My niece is studying medicine .... 2012.

a) Since
b) In
c) For
d) Ago

17. Lily stopped .... 5 years ago.

a) Smoke
b) To smoke
c) Smoking
d) Is smoking

18. Thomas isn't a good teacher because he has very .... patience with his pupils.

a) Few
b) A few
c) Little
d) A little

19. You ...... to finish your homework now. You can finish it at home.

a) Must
b) Don't have
c) May
d) Should

20. There is not .... point in getting up early on Saturday.

a) Few
b) Several
c) Any
d) Many

Answers

1. a) Is

Se trata de algo que ocurre siempre así, por lo que se utiliza el presente simple del verbo.

2. b) When

Cuando preguntamos por un momento, usamos la partícula interrogativa "when" (cuándo).

3. d) Should

Usamos el verbo modal "should" cuando se trata de dar consejos o recomendaciones.

4. c) If

Se usa esta conjunción para unir las dos oraciones que forman una condicional. Su significado es "si".

5. d) Anyone

En oraciones negativas, usamos el adverbio "anyone" para decir "nadie".

6. d) Unless

Se usa esta conjunción para unir las dos oraciones que forman una condicional. Su significado es "si no", "a menos que".

7. b) Whose

El pronombre relativo que indica posesión es "whose" (cuyo/a) por lo que es la opción correcta.

8. a) Are held

Se trata de una oración pasiva. Como es un hábito, una regla que se cumple se forma con el presente simple del verbo "to be + participio pasado del verbo".

9. c) For

Para agradecer por algo en concreto, usamos "thank you for…".

10. b) Met

Se trata de una acción pasada que ya finalizó, por lo que se usa el pasado simple del verbo. Se trata de un verbo irregular, por lo que la opción correcta es la "b".

11. b) When

Para indicar una acción puntual que comenzó y terminó, mientras había otra acción en proceso, se introduce con "when".

12. d) Introduced

Se trata de una acción pasada que ya finalizó, por lo que se usa el pasado simple del verbo (presentar en inglés es "to introduce").

13. b) Louis'

Se trata del genitivo sajón. Al acabar el sustantivo en letra "-s", simplemente se añade el apóstrofo.

14. b) Younger than

Se trata de una oración comparativa. El comparativo de un adjetivo se forma normalmente añadiendo la terminación "-er". Este adjetivo va seguido de la partícula comparativa "than".

15. d) Herself

El pronombre reflexivo empleado para la 3.ª persona del singular femenino es "herself".

16. a) Since

Cuando se habla de un momento determinado en el pasado en el que comenzó una acción, se utiliza "since".

17. c) Smoking

Para indicar que algo dejó de hacerse, se utiliza el verbo "stop + verbo en gerundio".

18. c) Little

Se utiliza "very little" para indicar "muy poco" en sustantivos incontables.

19. b) Don't have

Este verbo modal se usa para indicar que la acción se puede hacer, aunque no es de una forma obligatoria.

20. c) Any

En oraciones negativas, usamos el adverbio "any" para expresar que no había algo.

1. I don't like this scarf. I like ……… one over there.

a) That
b) Those
c) This
d) These

2. There are ……… potatoes if you want to cook a Spanish omelette.

a) A
b) An
c) Any
d) Some

3. My sister is very …… on jazz music.

a) Interested
b) Bored
c) Keen
d) Good

4. How ……… pencils are there on the table?

a) Much
b) Many
c) Any
d) Some

5. How often …… you visit your uncle?

a) Do
b) Does
c) Are
d) Have

6. I go to karate class .... Thursday evenings.

a) Of
b) In
c) At
d) On

7. What time does she usually get .... school?

a) In
b) Of
c) To
d) At

8. Are you listening ...... your mother?

a) At
b) To
c) About
d) In

9. I have been to that Indian restaurant ...... times. I really like that place.

a) Little
b) Few
c) A few
d) A little

10. Brian is thinking .... buying a new car.

a) About
b) To
c) In
d) On

11. .... I on time?

a) Are
b) Am
c) Have
d) Do

12. Elisabeth suffers .... hay fever every spring.

a) About
b) Of
c) From
d) With

13. My family .... to the zoo last weekend.

a) Go
b) Went
c) Gone
d) Goes

14. If Ben doesn't get that job, he .... abroad by next summer.

a) Is
b) Go
c) Went
d) Will go

15. Celia learnt to play the violin ......

a) Herself
b) Themselves
c) Himself
d) Yourself

16. This is not your umbrella. It is ....

a) Mine
b) Me
c) My
d) Your

17. That is the reason .... you shouldn't call her.

a) That
b) Why
c) Because
d) What

18. They .... a film now in the cinema.

a) Watch
b) Are watching
c) Watched
d) Will watch

19. Recycling is good .... the environment.

a) For
b) To
c) So
d) Such

20. They are .... of studying all the summer.

a) Tired
b) Different
c) Angry
d) Boring

Answers

1. a) That

Se trata del determinante demostrativo en singular que indica un objeto que está en segundo plano (over there).

2. d) Some

El determinante "some" se utiliza con sustantivos contables en oraciones afirmativas para indicar que hay algunas/os.

3. c) Keen

El adjetivo "keen" va seguido de la preposición "on", para indicar que alguien es "aficionado" en algo.

4. b) Many

La partícula interrogativa "how many" se utiliza con sustantivos contables, para preguntar "cuántos".

5. a) Do

En una oración interrogativa, se hace necesario el uso del verbo auxiliar "do" en el tiempo verbal que corresponda. En este caso, presente simple.

6. d) On

Cuando hablamos de días de la semana, utilizamos la preposición "on".

7. c) To

"Get + to + lugar" se utiliza cuando queremos expresar "llegar a un lugar".

8. b) To

El verbo "listen" siempre va seguido de "to + el objeto de la acción".

9. c) A few

Este adverbio se utiliza en oraciones afirmativas para indicar "algunas/os", refiriéndonos a cantidades pequeñas.

10. a) About

Cuando queremos indicar "pensar en algo" en inglés, usamos "think + about + objeto de la acción".

11. b) Am

Se trata del presente simple del verbo "to be" en este caso conjugado de forma acorde con "I", el sujeto de la oración.

12. c) From

"Suffer" cuando va seguido del objeto del cual se sufre, lleva en medio la preposición "from".

13. b) Went

Se trata de una acción pasada que ya finalizó, por lo que se usa el pasado simple del verbo. Se trata de un verbo irregular, por lo que la opción correcta es la "b".

14. d) Will go

Se trata de una oración 1.ª condicional en la cual si se da una circunstancia (en este caso GET, en present simple) habrá una consecuencia (Will go, en future simple).

15. a) Herself

El pronombre reflexivo empleado para la 3.ª persona del singular femenino es "herself".

16. a) Mine

Tenemos que emplear un pronombre posesivo. De todas las opciones, "mine" es la única opción perteneciente a esta categoría.

17. b) Why

La expresión "the reason why + oración subordinada" se utiliza para indicar "la razón por la cual…" algo sucedió.

18. b) Are watching

Se trata de una acción que está ocurriendo en el mismo momento de hablar, por lo que se emplea el presente continuo.

19. a) For

Para indicar que algo es bueno para algún propósito, en inglés utilizamos "good + for+ something".

20. a) Tired

Por el significado de la oración, y la forma de los adjetivos, el único adjetivo posible para usar es el correspondiente a la opción "a".

Mock exam n.º 35

1. Take one of ...... cakes from that tray.

a) Those
b) These
c) This
d) That

2. .... sugar does Susan take in her coffee?

a) Much
b) How much
c) When
d) How many

3. Josh .... your red pen.

a) Is
b) Have
c) Are
d) Has

4. It was ...... very exciting experience.

a) ---
b) An
c) A
d) The

5. Tim .... a carrot cake made by his mother.

a) Bring
b) Brings
c) Brought
d) Bringed

6. Bruce can .... three languages.

a) To speak
b) Speak
c) Speaks
d) Speaking

7. I .... for nine hours because I was exhausted.

a) Slept
b) Sleeped
c) Am sleeping
d) Had slept

8. Bill enjoys .... mistery novels.

a) Reading
b) Reads
c) Read
d) To read

9. I've already drunk a coffee, but I'd like .... one.

a) Another
b) Others
c) The other
d) Some others

10. We ...... salsa in the disco tonight at 11pm.

a) Dance
b) Are dancing
c) Dancing
d) Danced

11. If she leaves now, she .... the bus by 9.30 PM.

a) Took
b) Takes
c) Will takes
d) Will take

12. The thief .... by the police in the supermarket.

a) Catched
b) Caught
c) Was caught
d) Is catching

13. That is the song .... was chosen by the audience.

a) Who
b) What
c) When
d) Which

14. I am leaving .... Saturday, just in three days.

a) That
b) This
c) Those
d) These

15. .... does a cat chase?

a) That
b) Whose
c) How many
d) What

16. We are not allowed .... in the bus.

a) Eat
b) To eat
c) Eating
d) Eaten

17. Your watch looks very expensive. It .... have cost a fortune.

a) Can
b) Should
c) Must
d) Would

18. Jane is a .... responsible person.

a) So
b) Too
c) Enough
d) Very

19. There .... peach juice in the fridge.

a) Have
b) Is
c) Are
d) Do

20. Is Rocky II as .... as Rocky?

a) Better
b) Best
c) Good
d) Gooder

Answers

1. a) Those

Se trata del determinante demostrativo en plural que indica un objeto que está en segundo plano.

2. b) How much

La partícula interrogativa "how much" se utiliza con sustantivos incontables, para preguntar "cuántos".

3. d) Has

La opción correcta es la "d", ya que indica posesión, y está conjugada de forma acorde al sujeto de la oración.

4. c) A

La opción correcta es la "c", ya que se requiere el uso del determinante indefinido y la palabra posterior comienza por consonante.

5. c) Brought

Se trata de una acción pasada que ya finalizó, por lo que se usa el pasado simple del verbo. Se trata de un verbo irregular, por lo que la opción correcta es la "c".

6. b) Speak

El verbo modal "can" siempre va seguido de un verbo en infinitivo (sin to).

7. a) Slept

Se trata de una acción pasada que ya finalizó, por lo que se usa el pasado simple del verbo. Se trata de un verbo irregular, por lo que la opción correcta es la "a".

8. a) Reading

El verbo "enjoy", cuando va seguido de un verbo que va en su forma de gerundio.

9. a) Another

Para referirnos a "uno más", además del que ya poseíamos.

10. b) Are dancing

Se utiliza el presente continuo para hablar de acciones futuras que ya están planificadas.

11. d) Will take

Se trata de una oración 1.ª condicional en la cual si se da una circunstancia (en este caso "leaves", en present simple) habrá una consecuencia (Will take).

12. c) Was caught

Se trata de una oración pasiva. Como es una acción pasada, se forma con el pasado simple del verbo "to be + participio pasado del verbo".

13. d) Which

Se trata del pronombre relativo de objetos (el cual/la cual).

14. b) This

Se trata del determinante demostrativo en singular que indica un objeto que está cercano, en primer plano.

15. d) What

Utilizamos la partícula interrogativa "what" cuando queremos preguntar por algún objeto.

16. b) To eat

El verbo "allow" va seguido de "to + verbo en infinitivo".

17. c) Must

El verbo modal "must" se utiliza cuando estamos seguros de algo.

18. d) Very

Utilizamos el adverbio "very" cuando queremos aumentar la intensidad de un adjetivo.

19. b) Is

"There is" es la forma de expresar existencia de algún sustantivo incontable.

20. c) Good

Al tratarse de un comparativo de igualdad, no se modifica el adjetivo, sino que se queda en su forma base.

Mock exam n.º 36

1. Children! You are ...... too much noise!

a) Making
b) Doing
c) Putting
d) Having

2. I have two cousins. One is a girl, ... is a boy.

a) Anothers
b) Others
c) The other
d) The others

3. Philip has a good job. He .... 2000 euros per month.

a) Wins
b) Has
c) Earns
d) Gains

4. She wears glasses ...... she was five.

a) For
b) Until
c) From
d) Since

5. I really miss .... at university.

a) To study
b) Studied
c) Studying
d) Study

6. Noah's birthday is .... June.

a) On
b) The
c) At
d) In

7. I think Nick will arrive .... 4.00 pm and 6.00 pm.

a) Ago
b) Among
c) Between
d) At

8. She is studying both, French .... Italian.

a) Or
b) Nor
c) And
d) If

9. Star Wars is .... film I've ever watched.

a) Bad
b) Worst
c) The worst
d) Good

10. Mel is going .... Cardiff next month.

a) For
b) To
c) At
d) In

11. When .... your father work?

a) Is
b) Has
c) Does
d) Do

12. Mrs. Johnson wants ...... in Africa.

a) To volunteering
b) Volunteer
c) To volunteer
d) Volunteering

13. My brother doesn't know how ....

a) To drive
b) Drive
c) Driven
d) Driving

14. Your tea is hot .... to drink.

a) Great
b) Too
c) Enough
d) Very

15. Waitress, ... soup smells funny.

a) This
b) Those
c) That
d) These

16. I haven't read books .... a long time.

a) In
b) For
c) To
d) Since

17. ...... a language is an interesting activity to keep your mind busy.

a) Learning
b) Learn
c) To learn
d) To learning

18. I .... a bit hungry. I need to eat something.

a) Have
b) Has
c) Am
d) Is

19. Some children were playing basketball .... were chatting.

a) Other
b) Another
c) Anothers
d) The others

20. They went to .... airport yesterday morning.

a) ---
b) One
c) The
d) Any

Answers

1. a) Making

Cuando en inglés hablamos de "hacer ruido" utilizamos el verbo "make".

2. c) The other

Usamos "the other" para hablar de una alternativa específica de algo.

3. c) Earns

Cuando se trata de ganar dinero con el trabajo realizado, se utiliza el verbo "earn".

4. d) Since

Cuando se habla de un momento determinado en el pasado, en el que comenzó una acción, se utiliza "since".

5. c) Studying

El verbo "miss", cuando va seguido de un verbo, este va en gerundio.

6. d) In

Al utilizar los meses del año, utilizamos la preposición "in".

7. c) Between

Para indicar ubicación entre dos cosas o personas, utilizamos la preposición "between".

8. c) And

La conjunción que se utiliza para unir o añadir elementos a una lista es "and".

9. c) The worst

Para indicar el adjetivo superlativo de "bad" es un tanto diferente, ya que se trata de un adjetivo irregular, en sus formas comparativas y superlativas. En este caso sería "the worst".

10. b) To

Para indicar desplazamiento hacia un lugar utilizamos "go + to + el lugar".

11. c) Does

En una oración interrogativa, se hace necesario el uso del verbo auxiliar "do" en el tiempo verbal que corresponda. En este caso, presente simple + "-es", ya que el sujeto corresponde a la 3.ª persona del singular.

12. c) To volunteer

El verbo "want", cuando va seguido de un verbo, ponemos "to + infinitivo del verbo".

13. a) To drive

Con la expresión "know how" es necesario añadir "to + infinitivo".

14. c) Enough

En este caso queremos indicar que el té está lo suficiente caliente para beberlo (enough), es decir, que no se necesita calentarlo más.

15. a) This

Se trata del determinante demostrativo en singular que indica un objeto que está cercano, en primer plano.

16. b) For

Cuando queremos indicar un periodo de tiempo, utilizamos la preposición "for".

17. a) Learning

Cuando un verbo actúa como sujeto de la oración, este va en su forma de gerundio.

18. c) Am

En esta oración, tenemos que usar necesariamente el verbo "to be". Al ser el sujeto "I", la conjugación correcta es la correspondiente a la opción "c".

19. d) The others

Usamos "the others" como pronombre personal para referirnos a otro grupo de sujetos que realizan una acción.

20. c) The

Al ser un sustantivo determinado, ha de ir precedido del determinante artículo determinado "the".

Mock exam n.º 37

1. They didn't .... to Sarah's house yesterday.

a) Goes
b) Gone
c) Went
d) Go

2. Two of my .... are broken because of the car accident.

a) Teeth
b) Tooth
c) Teeths
d) Tooths

3. I watched a documentary about Napoli .... TV two days ago.

a) In
b) On
c) Into
d) At

4. .... I left university, I haven't seen them.

a) For
b) Until
c) If
d) Since

5. I'll wait for you ...... the main gate.

a) In
b) For
c) At
d) On

6. I have gone to the gym .... seven months.

a) In
b) For
c) Since
d) While

7. Leonard .... her mother. They are both very cheerful.

a) Takes after
b) Looks after
c) Looks up to
d) Keeps on

8. I didn't expect him to come! I was very ....

a) Surprise
b) Surprised
c) To surprise
d) Surprising

9. Her parents .... divorced last September.

a) Had
b) Got
c) Did
d) Took

10. Matt is .... person in my office.

a) Interesting
b) More interesting than
c) The interestest
d) The most interesting

11. Can .... call my mother?

a) Everyone
b) Noone
c) Anyone
d) Someone

12. I went to the library .... study.

a) For
b) To
c) By
d) Of

13. I was not fast enough, so I .... the bus.

a) Missed
b) Lost
c) Gained
d) Went

14. Joe is worried .... his uncle because he is in hospital.

a) For
b) On
c) By
d) About

15. They don't have .... money.

a) Many
b) So
c) Much
d) Some

16. Kevin .... only seven mistakes in that test.

a) Made
b) Did
c) Prepared
d) Maked

17. She was listening to music while she ....

a) Studied
b) Was studying
c) Will study
d) Was beign studied

18. .... she ever sailed a boat?

a) Has
b) Will
c) Does
d) Is

19. I want to buy a bike, ... I don't have enough money.

a) And
b) Because
c) But
d) So

20. Look .... those boys! They are riding their bikes very fast!

a) To
b) At
c) On
d) For

Answers

1. d) Go

Cuando se trata de una oración en pasado en su forma negativa, ponemos el verbo auxiliar (do) en su forma de pasado en negativo y el verbo principal en infinitivo.

2. a) Teeth

El sustantivo "tooth" en su forma plural es irregular, por lo que la opción correcta sería la correspondiente a la opción "a".

3. b) On

Con medios audiovisuales utilizamos la preposición "on".

4. d) Since

Cuando hablamos de un momento puntual en el cual empezó a desarrollarse una acción, utilizamos "since".

5. c) At

Cuando hablamos de que estamos ubicados en un punto de referencia concreto en espacio abierto, se utiliza la preposición "at".

6. b) For

Para indicar periodos de tiempo durante el cual se ha desarrollado una acción, utilizamos la preposición "for".

7. a) Takes after

Este "phrasal verb" se utiliza cuando queremos indicar semejanza de dos personas no solo físicamente, sino también en personalidad.

8. b) Surprised

La forma correcta de adjetivo es la correspondiente a la indicada en la opción "b", ya que es un adjetivo formado a raíz de un verbo y expresa cómo se siente una persona.

9. b) Got

Al indicar que dos personas se han divorciado, utilizamos "Get (en la conjugación en la forma que corresponda) + divorced".

10. d) The most interesting

Cuando se trata de adjetivos largos, para formar el superlativo, lo hacemos poniendo "the + most + adjetivo en su forma base".

11. c) Anyone

En oraciones interrogativas, utilizamos "anyone" para preguntar si alguien realiza o puede realizar la acción, como es en este caso.

12. b) To

Cuando queremos indicar finalidad de una oración, utilizamos "to + verbo en infinitivo" (para estudiar, en este caso).

13. a) Missed

En el caso en que queramos expresar que no hemos llegado a tiempo para subirnos a un medio de transporte, utilizamos el verbo miss (perder).

14. d) About

Para indicar que alguien está preocupado por algo, utilizamos la estructura "worried + about + something".

15. c) Much

Con sustantivos incontables en oraciones negativas usamos "much".

16. a) Made

En la expresión "cometer errores" en inglés, utilizamos el verbo "make".

17. b) Was studying

A la hora de expresar una acción pasada que estaba en proceso, prolongándose por un tiempo, utilizamos el pasado continuo del verbo.

18. a) Has

Se trata de una oración en presente perfecto, cuyo sujeto se corresponde a la 3.ª persona del singular, por lo que la opción correcta es la "a".

19. c) But

Esta conjunción se utiliza para expresar contraste entre dos ideas o situaciones contrapuestas.

20. b) At

Para indicar "mirar algo" en inglés, se utiliza el verbo "look + at + something".

Mock exam n.º 38

1. I prefer .... dogs to small ones.

a) Big
b) Bigs
c) Bigges
d) Biges

2. ...... water do you drink everyday?

a) How many
b) How
c) Who
d) How much

3. I promise I .... you the money tomorrow.

a) Give
b) Gave
c) Will give
d) Should give

4. I will try to .... my best tomorrow during the play.

a) Be
b) Do
c) Make
d) Go

5. If you .... greasy food, you will become fat.

a) Ate
b) Will eat
c) Eats
d) Eat

6. The teacher saved ...... compositions.

a) Our
b) Us
c) Ours
d) We

7. I don't know how to handle it .... you help me, please?

a) Would
b) May
c) Should
d) Can

8. My father's sister is my ....

a) Grandmother
b) Wife
c) Niece
d) Aunt

9. ...... junk food is not healthy at all.

a) Eat
b) To eat
c) Eating
d) Eaten

10. As far .... I am concerned, she is not angry with you.

a) To
b) Of
c) About
d) As

11. I wouldn't tell her if I .... you.

a) Am
b) Was
c) Were
d) Would be

12. I really need to go out .... a drink.

a) For
b) To
c) Of
d) In

13. I should learn to do it ....

a) Yourself
b) Himself
c) Herself
d) Myself

14. The envelop was opened .... the manager.

a) Of
b) By
c) About
d) That

15. He kissed .... when she arrived.

a) She
b) Hers
c) Her
d) He

16. I had to look ...... my grandmother's cat while she was on holiday.

a) Up
b) After
c) Into
d) Over

17. .... do you live with?

a) Whose
b) What
c) Which
d) Who

18. We .... live in Manchester.

a) Are use to
b) Are using to
c) Used to
d) Get use to

19. Anne made an album of many different ....

a) Leaf
b) Leaves
c) Leave
d) Leafs

20. Spencer is jealous .... the new baby of the family.

a) From
b) Of
c) To
d) In

Answers

1. a) Big

En este caso el adjetivo ha de usarse en su forma base, por lo que la opción "a" es la correcta.

2. d) How much

Con sustantivos incontables en oraciones negativas usamos la partícula interrogativa "how much" para preguntar "cuánto".

3. c) Will give

Para promesas, utilizamos el futuro con "will" seguido del verbo en infinitivo.

4. b) Do

"Do + someone's + best". Esta expresión significa "hacer lo mejor que se pueda/ dar lo mejor de uno mismo".

5. d) Eat

Se trata de una primera condicional, cuyo verbo condicionante se conjuga en presente simple, por lo que la "d" es la respuesta correcta, teniendo además en cuenta el sujeto de la oración.

6. a) Our

Al ir acompañando a un sustantivo hay que usar un determinante posesivo.

7. d) Can

Uno de los usos verbo modal "can" es expresar posibilidad de que se produzca una acción. O pedir a alguien si puede hacer algo.

8. d) Aunt

La hermana de tu padre es tu tía, "aunt" en inglés.

9. c) Eating

Cuando un verbo actúa como sujeto de la oración, este va en su forma de gerundio.

10. d) As

Se trata de una frase hecha en inglés. "as far as I am concerned" (hasta donde yo sé)

11. c) Were

Se trata de una segunda condicional, cuya primera cláusula se forma "if + pasado simple del verbo principal". Esta formación tiene una peculiaridad, que es que en el caso del verbo "to be", se conjuga de forma diferente a la habitual, siendo usada en todas las personas la forma "were".

12. a) For

"Go out for something" se utiliza la preposición "for" para indicar el objetivo, la finalidad para lo que salimos, cuando lo que va después de "for" es un sustantivo.

13. d) Myself

Se trata del pronombre reflexivo correspondiente a la 1.ª persona del singular.

14. b) By

En las oraciones pasivas, el complemento agente de la oración va introducido por la preposición "by".

15. c) Her

Se trata del pronombre de objeto correspondiente a la 3.ª persona del singular femenino.

16. b) After

Se trata de un "phrasal verb" que significa "cuidar de algo o alguien" (look after).

17. d) Who

Cuando preguntamos por alguien, utilizamos la partícula interrogativa "who". Cuando se hace necesario el uso de una preposición (con quién, en este caso), esta va siempre al final de la oración.

18. c) Used to

Utilizamos la expresión "used to + infinitivo" cuando queremos expresar un hábito pasado que ya no se da.

19. b) Leaves

Se trata de un sustantivo irregular, en cuya forma de plural se elimina la "f" de la forma en singular, sustituyéndose por una "-v-" y añadiendo la desinencia plural "-es".

20. b) Of

El adjetivo "jealous" va seguido de la preposición "of" cuando a continuación se indica el objeto.

Mock exam n.º 39

1. They lived together .... 7 years.

a) Of
b) For
c) Since
d) In

2. They were late .... their car broke down.

a) Over
b) Or
c) Because
d) However

3. Grace hasn't passed the driving test ....

a) Already
b) Never
c) Ever
d) Yet

4. Norah told .... that she wasn't feeling well.

a) He
b) His
c) Him
d) I

5. I am learning English .... a good job in England.

a) To find
b) To finding
c) Find
d) Finding

6. We ...... Henry last week at the office.

a) See
b) Don't see
c) Didn't saw
d) Didn't see

7. ...... you agree with the president's opinion?

a) Are
b) Do
c) Were
d) Is

8. That was the .... decision I have ever taken.

a) Difficult
b) More difficult
c) Most difficult
d) Difficulty

9. What .... at this moment?

a) You do
b) Are you doing
c) You doing
d) Will you do

10. .... notebook is this?

a) Who's
b) Whom
c) Whoose
d) Whose

11. I need to eat something, I am ....

a) Angry
b) Starving
c) Hungried
d) Thirsty

12. I need three or four .... to prepare the salad.

a) Tomatos
b) Tomato
c) Tomatoes
d) Tomats

13. I had a big confusion .... the new law of education.

a) Of
b) For
c) About
d) With

14. .... people know that story.

a) Very few
b) Very little
c) Very less
d) Very least

15. .... live in Scotland?

a) You live
b) Do you live
c) Does you
d) Live you

16. .... the left side of the road, you will see a very old monument.

a) On
b) At
c) ---
d) In

17. I am really .... forward to the summer holiday.

a) Getting
b) Taking
c) Watching
d) Looking

18. Coffee is .... in Spain than in England.

a) Cheaper
b) More cheap
c) More cheaper
d) The cheapest

19. I've got a dog. I adopted .... last month.

a) Me
b) It
c) Our
d) Mine

20. .... are you laughing?

a) Who
b) What
c) Whose
d) Why

Answers

1. b) For

Para indicar periodos de tiempo durante los cuales se ha producido una acción, va precedido de la preposición "for".

2. c) Because

La palabra "because" se utiliza para conectar el efecto y la causa de una acción (porque).

3. d) Yet

Al tratarse de una oración negativa con el tiempo verbal presente perfecto, se utiliza la partícula "yet" para especificar que algo "aún" no ha sucedido, pero esperamos que pase.

4. c) Him

Se trata del pronombre objeto correspondiente a la 3.ª persona del singular masculino.

5. a) To find

Cuando queremos expresar propósito de algo, lo hacermos con "to + infinitivo".

6. d) Didn't see

Es una oración negativa en pasado, por lo que se pone el verbo auxiliar en pasado en su forma negativa (didn't) seguido del sujeto y el verbo principal en infinitivo.

7. b) Do

El verbo "agree" lleva intrínseco el significado "estar de acuerdo". Por tanto, a la hora de conjugarlo, nunca se usa con el verbo "to be", sino que en su forma interrogative y negative va con el auxiliar "do".

8. c) Most difficult

Se trata de la forma superlativa del adjetivo difficult. Al tratarse de un adjetivo largo, no se le añade desinencia, sino que se forma "the most + el adjetivo en su forma habitual".

9. b) Are you doing

Se trata de una pregunta sobre qué está haciendo alguien en el mismo momento de hablar, por lo que se emplea el presente continuo.

10. d) Whose

Se trata de la partícula interrogativa de posesión "de quién".

11. b) Starving

Por el context, el único adjetivo cuyo significado cuadra en la oración corresponde a la opción "b".

12. c) Tomatoes

El plural de "tomato" es "tomatoes".

13. c) About

El adjetivo "confused" va seguido de la preposición "about" cuando queremos indicar el objeto de la oración.

14. a) Very few

Se utiliza para indicar que hay poca cantidad de un sustantivo contable.

15. b) Do you live

Es una oración interrogativa en presente, por lo que se pone el verbo auxiliar en presente (do) seguido del sujeto y el verbo principal en infinitivo.

16. a) On

Para decir "en la izquierda/derecha" utilizamos la preposición "on".

17. d) Looking

Se trata de un "phrasal verb"; significa "estar deseando, tener ganas de…".

18. a) Cheaper

Se trata de un comparativo. Para ello se añade el sufijo "-er" al adjetivo.

19. b) It

Cuando se trata de animales, cuando se sustituyen por un pronombre, habitualmente se utiliza "it".

20. d) Why

Utilizamos esta partícula interrogativa para preguntar por algún motivo, justificación o causa (por qué).

Mock exam n.º 40

1. Do you have .... battery in your phone?

a) An
b) Any
c) Many
d) Some

2. Titanic is three hours long. It is really ....

a) Bore
b) To boring
c) Bored
d) Boring

3. Ivan knows .... about football. He loves it.

a) Anything
b) Everything
c) Everywhere
d) Somewhere

4. I have .... fed your pet. It was starving.

a) Yet
b) No
c) Already
d) Ever

5. Do you understand that? I ...... you.

a) Explain
b) Will explain
c) Am going to
d) Going to

6. What are you waiting .... ?

a) For
b) By
c) With
d) In

7. I met Jack ...... my time in Sidney.

a) During
b) For
c) When
d) While

8. I will clean the windows tomorrow if I .... time.

a) Had
b) Have
c) Would have
d) Had had

9. The waitress spoke .... English.

a) Very many
b) Very little
c) Few
d) Very few

10. Jason has broken something and there is .... on the floor.

a) Glass
b) Glasses
c) Some glass
d) Any glass

11. I like sports, but I am terrible .... badminton.

a) In
b) With
c) On
d) At

12. My sister has grown .... so quicky.

a) On
b) Up
c) Down
d) Among

13. Jesse has planned to stay here .... March.

a) On
b) For
c) Until
d) At

14. It was the best concert they have gone in their ....

a) Lives
b) Live
c) Life
d) Lifes

15. If you practised more, you .... the drums much better.

a) Will play
b) Would play
c) Play
d) Played

16. There were .... people than usual in the shopping centre.

a) Fewer
b) Little
c) More little
d) A little

17. Do you believe .... God?

a) With
b) Over
c) In
d) About

18. Judy is twenty seven years ....

a) Ago
b) Oldest
c) Old
d) On

19. That is the city .... I used to live when I was a child.

a) When
b) Where
c) Whom
d) Why

20. Kathleen hates getting .... early in winter.

a) Up
b) Up with
c) Down
d) Among

Answers

1. b) Any

Al tratarse de un sustantivo incontable en una oración interrogativa, utilizamos el adverbio "any".

2. d) Boring

Para asignar una característica a algo, desde nuestro punto de vista, el adjetivo se forma con el sufijo "-ing".

3. b) Everything

Se usa "everything" para referirnos a "todas las cosas" en oraciones afirmativas.

4. c) Already

Con el presente perfecto, utilizamos el adverbio "already" en la forma afirmativa para enfatizar que la acción ya ha sucedido.

5. b) Will explain

Para ofrecimientos que se toman de manera espontánea, lo hacemos utilizando "will + infinitivo del verbo principal".

6. a) For

"Wait + for+ something". Esta es la estructura a seguir cuando queremos indicar que se espera por algo.

7. a) During

Usamos"during" para referirnos al tiempo o al momento en que se desarrolla una acción (pero no se determina la duración exacta de la misma, como ocurre con "for").

8. b) Have

Se trata de una oración 1.ª condicional en la cual si se da una circunstancia (en este caso "have", en present simple) habrá una consecuencia (Will clean).

9. b) Very Little

Se utiliza "very Little", ya que se trata de un sustantivo incontable.

10. c) Some glass

Se trata de un sustantivo incontable, por lo que la opción correcta es la "c".

11. d) At

Para expresar habilidad o ausencia de la misma, como en este caso, utilizamos "adjetivo (good/bad) + at + something".

12. b) Up

"To grow up", es un "phrasal verb", que significa "crecer".

13. c) Until

Until se emplea para referirse a una acción que dura hasta cierto momento, poniendo el énfasis en la acción y su duración.

14. a) Lives

Se trata de una palabra que en su forma plural es irregular, por lo que pasa de ser "life" a "lives".

15. b) Would play

Se utiliza la 2.ª condicional para hablar de situaciones hipotéticas, que no son reales. Su primera partícula (condición irreal) se usa con el pasado simple de un verbo, y la segunda con "would + infinitivo".

16. a) Fewer

Es la forma comparativa de "few", y se utiliza con sustantivos contables en plural.

17. c) In

Para indicar "creer en algo" lo hacemos con el verbo "believe + in + something.

18. c) Old

Cuando queremos indicar la edad en inglés, lo hacemos de la siguiente forma: "n.º de años + years old".

19. b) Where

Se trata del pronombre relativo de lugar, ya que nos estamos refiriendo a un lugar.

20. a) Up

Este "phrasal verb" significa "levantarse".

Mock exam n.º 41

1. Have you ... seen a crocodile?

a) Never
b) Ever
c) Sometimes
d) Yet

2. She goes to the gym ... a week.

a) Two times
b) Twice times
c) Twices
d) Second times

3. Mike, ... is Jane's boyfriend, studied chemistry at university.

a) Who
b) Which
c) Whom
d) Whose

4. Mum told me that she ... to the supermarket yesterday.

a) Gone
b) Goed
c) Go
d) Went

5. I ...to celebrate my birthday in a karaoke this year.

a) Would like
b) Had liked
c) Had like
d) Would liked

6. Adam hurted… while he was using the scissors.

a) Yourself
b) Himself
c) Each other
d) Him

7. That T-shirt is …

a) My
b) Me
c) Your
d) Mine

8. … is your house from the airport?

a) How often
b) How much
c) How far
d) Where

9. Mobile phones … mainly … in China.

a) Is/ make
b) Are/ fabriked
c) Are/ maked
d) Are/ made

10. They … at the gate at 7 o'clock.

a) Didn't be
b) Aren't
c) Wasn't
d) Weren't

11. That is the … book I've ever read.

a) Most interesting
b) Interester
c) Most interested
d) Interestest

12. What … you … yesterday?

a) Did/ do
b) Have/ done
c) Did/ doing
d) Have/ do

13. She invited me to the party, … is pretty nice of her.

a) That
b) What
c) Which
d) Who

14. Who …your favourite writer?

a) Are
b) Is
c) Do
d) Were

15. Has your brother cleaned the windows…?

a) Already
b) Still
c) Yet
d) Ever

16. I dreamt …you two weeks ago.

a) With
b) On
c) ---
d) Of

17. They…their uncle for ages.

a) Didn't visited
b) Haven't visited
c) Didn't go
d) Didn't gone

18. Don't forget … tomorrow morning.

a) To pick me up
b) Picking me up
c) To picking me up
d) Pick me up

19. She'll arrive … the station by 10 o'clock in the morning.

a) At
b) In
c) On
d) To

20. I … the guitar in a rock band a few years ago.

a) Use to playing
b) Use to play
c) Used to play
d) Use to played

Answers

1. b) Ever

Con un verbo en presente perfecto, oración afirmativa, se utiliza "ever" para remarcar, en este caso, que es la mejor película que ha visto.

2. c) Twice

Usamos la palabra "twice" para referirnos a "dos veces".

3. a) Who

La partícula interrogativa que se usa para preguntar por una persona es "who".

4. d) Went

Al tratarse de un verbo irregular, la forma correcta del pasado de "go" es la correspondiente a la opción "d".

5. a) Would like

Usamos "would + infinitivo" para indicar deseo, cómo nos gustaría que fuera algo (condicional).

6. b) Himself

Se utiliza "himself" para referirnos a algo que, en este caso realiza el sujeto (he) por él misma, es decir, un pronombre reflexivo.

7. d) Mine

Se requiere el uso del pronombre posesivo correspondiente a la 1.ª persona del singular, es decir, la opción "d".

8. c) How far

Para indicar distancia de un lugar a otro en una pregunta, se emplea la partícula interrogativa "how far".

9. d) Are/ made

Se utiliza la voz pasiva en esta oración interrogativa, formada por el presente del verbo "to be" seguido del sujeto y el participio pasado del verbo principal (en este caso es un verbo irregular).

10. d) Weren't

Se trata de una oración negativa en pasado cuyo sujeto es "they". Por ello, la opción correcta sería "weren't".

11. a) Most interesting

Al tratarse de un adjetivo largo, el superlativo se forma con "the + most + forma base del adjetivo".

12. a) Did/do

Al tratarse de una acción que empezó y finalizó en el pasado, debemos usar el presente simple. Además, al tratarse de una oración interrogativa, debemos emplear el auxiliar en pasado (did) + sujeto+ verbo a emplear en su forma en infinitivo.

13. c) Which

Se hace necesario el uso del pronombre relativo de objeto, ya que nos referimos a la invitación.

14. b) Is

La forma correcta se corresponde a la opción "b", ya que el sujeto de la oración es la 3.ª persona del singular.

15. c) Yet

Al tratarse de una oración interrogativa con el tiempo verbal presente perfecto, se utiliza la partícula "yet" al final de la oración para preguntar si la acción "ya" ha sucedido.

16. d) Of

Cuando queremos indicar que soñamos algo, lo indicamos usando el verbo "dream + of + something".

17. b) Haven't visited

La opción correcta sería el uso del presente perfecto, ya que se trata de una acción que comenzó en el pasado y aún continúa. Este se forma con el presente de "have" + el participio pasado del verbo principal.

18. a) To pick me up

Usamos "forget + to + infinitivo" cuando nos referimos a acciones que aún están pendientes de realizar.

19. a) At

La expresión "llegar a un lugar pequeño (escuelas, supermercados…)" se indica usando el verbo arrive + preposición "at".

20. c) Used to play

Utilizamos la expresión "used to + infinitivo" cuando queremos expresar un hábito pasado que ya no se da.

Mock exam n.º 42

1. That picture was ...... by my grandmother 20 years ago.

a) Took
b) Taked
c) Taking
d) Taken

2. If it hadn't been so cold we would have ...... to the beach.

a) Go
b) Went
c) Gone
d) Walk

3. That is the hotel ...... I stayed last summer with my boyfriend.

a) When
b) Where
c) Which
d) With

4. - Amelia doesn't like this film. - ...... do I.

a) Either
b) Neither
c) Despite
d) Both

5. My cousins are from Barcelona, but they ...... in London.

a) Life
b) Live
c) Lives
d) Lifes

6. Has Chirstie ......worked as a teacher in that school?

a) Yet
b) Had
c) Ever
d) Have

7. What differences are there ...... the Spanish spoken in Spain and the Spanish spoken in South America?

a) Between
b) Instead
c) Among
d) In

8. Mary is a beautiful girl, but Beth, her sister is ......

a) More beautiful
b) Most beautiful
c) Beautifuller
d) More beautifuller

9. My parents are buying ...... new car this summer.

a) Once
b) One
c) A
d) An

10. They didn't come to the cruise with us because they couldn't .... it.

a) Win
b) Earn
c) Won
d) Afford

11. At the party, everybody talked to each other as if they have known ...... another for years.

a) A
b) One
c) Each
d) Every

12. Last weekend I went to the beach ...... my own and I really enjoyed it.

a) By
b) On
c) At
d) With

13. I'm exhausted because I ... just ...the kitchen.

a) Cleaned
b) Have/ cleaned
c) Am/ cleaning
d) Am/cleaned

14. It was impossible to visit you ...... March, so I'll try to do it next month.

a) On
b) At
c) In
d) By

15. It's freezing in this room.

a) I'll close the window
b) I'm going to close the window
c) Let's close the window
d) I close the window

16. - Would you like a sandwich? - I'd ...... have a burger

a) Prefer
b) Rather
c) Might
d) Must

17. I haven't seen Amy at work for a few days. She ...... be sick.

a) Should
b) Must
c) Can
d) Will

18. I ...... come to the celebration with me, please.

a) Want that you
b) Want you
c) Want you to
d) Am wanting that you

19. I like that film because it is ... in the 50's.

a) Put
b) On
c) Play
d) Set

20. I'm using my old mobile phone because the other is ...

a) Been repairing
b) Repairing
c) Taking repaired
d) Being repaired

Answers

1. d) Taken

Se trata de una oración pasiva, por lo que se forma con la conjugación del verbo "to be" en su tiempo correspondiente y el participio pasado del verbo principal.

2. c) Gone

El tiempo verbal empleado en esta oración es el presente perfecto, por lo que la opción correcta es la "c", que corresponde al participio pasado del verbo "go".

3. b) Where

En esta ocasión debemos usar el pronombre relativo que se refiere a lugares, ya que nos estamos refiriendo a un hotel.

4. b) Neither

Se puede traducir por "tampoco", y se utiliza en oraciones cuyo verbo está en forma afirmativa, pero cuyo significado es negativo.

5. b) Live

Se trata de una acción permanente cuyo sujeto corresponde a la 3.ª persona del plural, por lo que la opción correspondiente es "live".

6. c) Ever

Usamos "ever" en oraciones interrogativas para referirnos a "alguna vez", especialmente en aquellas formadas con presente perfecto.

7. a) Between

Para indicar ubicación entre dos cosas o personas, utilizamos la preposición "between".

8. a) More beautiful

Al tratarse de un adjetivo largo, su comparativo lo formamos con "more + adjetivo en su forma base".

9. c) A

La correcta es la opción "c", ya que requerimos el uso de un determinante artículo indefinido, y la palabra empieza por consonante.

10. d) Afford

El verbo "afford" significa "permitirse", por lo que es el correcto a usar en esta oración.

11. b) One

"One another" es una expresión que se usa cuando nos referimos a más de dos personas. Su traducción sería "unos a otros"

12. b) On

"On my own"; esta expresión se refiere a cuando hacemos una acción sin ningún tipo de compañía.

13. b) 've cleaned

Se hace necesario el uso del presente perfecto, ya que se trata de una acción que ha acabado, pero que tiene consecuencias en el presente.

14. c) In

Con los meses del año, utilizamos la preposición "in".

15. a) I'll close the window

La respuesta correcta a esta premisa sería la "a", ya que se trata de una decisión que se toma en el momento, y por tanto, se utiliza futuro con "Will".

16. b) Rather

"Would rather" se utiliza para indicar preferencias, de un modo más formal.

17. b) Must

Utilizamos este verbo modal, ya que estamos haciendo una deducción.

18. c) Want you to

Cuando queremos expresar un deseo, que queremos que alguien haga algo (ej. Quiero que me ayudes), se formaría: suj + pres. simple + objeto + to + verbo en infinitivo.

19. d) Set

El verbo correcto a usar en esta oración es "set", que indica que "está ambientada".

20. d) Being repaired

Se trata de una oración en pasiva en presente continuo. Por ello se forma "presente to be (is) + gerundio v. principal (being) + participio del verbo (repaired)".

Mock exam n.º 43

1. She needs... to play the piano in her wedding.

a) I
b) Me
c) We
d) My

2. If she ...that job, she will buy that fantastic dress.

a) Got
b) Get
c) Gots
d) Gets

3. I ... very keen on driving, I prefer riding my bike.

a) Don't
b) Don't be
c) Don't am
d) Am not

4. ... they ever gone to the theatre?

a) Have
b) Has
c) Do
d) Are

5. The second part of that book is much ... than the first one.

a) Good
b) Best
c) Better
d) Fine

6. I don't like cheese ... much, but I ate the lasagne anyway.

a) Many
b) So
c) Such
d) Bit

7. Wait for me, please, I am already dressed and I only need to ... my hair.

a) Do
b) Make
c) Get
d) Take

8. Mike was very kind, he gave me two ... of forniture for my kitchen.

a) Panes
b) Piles
c) Pieces
d) Blades

9. According to Samuel's ... the class starts at 10 o'clock.

a) Option
b) Advise
c) Information
d) Knowledge

10. What were they doing?

a) They are tidying their bedroom
b) They do their homework
c) They are musicians
d) They were cooking dinner

11. Is Joe...?

a) A friend of hers
b) A friend of she
c) Hers friend
d) Her's friend

12. I think they are ... old to go to that disco.

a) Much
b) Too
c) Too much
d) Too many

13. What do you ... for a living?

a) Are
b) Be
c) Work
d) Do

14. I ... I hadn't gone to his house.

a) Hope
b) Wished
c) 'd liked
d) Hoped

15. Your mother should eat ...salt

a) Very
b) Much
c) A little
d) A few

16. I must buy ... wine for the dinner.

a) Much
b) Some
c) Many
d) Any

17. I am working at the moment, so it my take a ...time to answer your messages.

a) Some
b) Small
c) Little
d) Bit

18. David and Anna ... a lovely week in Italy last spring

a) Did
b) Have
c) Spent
d) Spended

19. Do not ... my parents anything yet.

a) Talk
b) Say
c) Tell
d) Told

20. - Are there two books in your bag? - No, ... just one.

a) There are
b) Is there
c) There is
d) Are there

Answers

1. b) Me

Se necesida el uso del pronombre de objeto de la primera persona del singular, el cual corresponde a la opción "b".

2. d) Gets

Al tratarse de una primera condicional, el tiempo verbal en la cláusula de "if" es presente simple. Al ser el sujeto "she", la opción correcta sería "gets".

3. d) Am not

"Keen on" es un adjetivo, por lo que describe características. Estos van con el verbo "to be".

4. a) Have

Se trata de una pregunta en presente perfecto, por lo que falta el verbo "have" en presente (opción "a".)

5. c) Better

Se trata de una comparación. El adjetivo "good" es irregular, por lo que la forma correcta es "better".

6. b) So

"So much" se emplea para decir "tanto" con sustantivos incontables, como es el caso de "cheese".

7. a) Do

"Do someone's hair" es una expresión que significa "arreglarse/acicalarse" el pelo.

8. c) Pieces

Para hablar de unidades de muebles, utilizamos "pieces".

9. c) Information

De acuerdo al contexto de la oración, la palabra correcta sería "informatio".

10. d) They were cooking dinner

Debido a la conjugación del tiempo verbal, la única opción correcta sería la "d", ya que responden en el mismo tiempo.

11. a) A friend of hers

En este tipo de oraciones se requiere el uso del pronombre posesivo, por lo que la opción correcta es "a friend of hers".

12. b) Too

Utilizamos "too + adjetivo" en este caso para expresar exceso, con una connotación negativa.

13. d) Do

"What do you do for a living", es una expresión que significa "¿qué haces para ganarte la vida?", por lo que la opción correcta es la "d", ya que "do" es el verbo necesario.

14. b) Wished

Para indicar deseo de que algo pasado no hubiera sucedido de una determinada forma, utilizamos el verbo "wish".

15. c) A little

Para indicar poca cantidad con sustantivos incontables usamos "a little".

16. b) Some

En oraciones afirmativas, para indicar "algo de…" con sustantivos incontables, usamos "some".

17. c) Little

Para indicar poca cantidad con sustantivos incontables usamos "a little", por lo que la opción correcta sería la "c".

18. c) Spent

Uno de los significados y usos de "spend" es "pasar tiempo", por lo que sería la opción correcta. Al ser un verbo irregular, su conjugación correcta en pasado es la que aparece en la opción "c".

19. c) Tell

Por el significado, y por el hecho de que en la oración no aparece ninguna preposición entre el verbo y el objeto de la oración, la única opción correcta sería "tell".

20. c) There is

Para indicar existencia de un único elemento (hay), lo hacemos con "there is".

Mock exam n.º 44

1. My cousins are planning to … another puppy.

a) Do
b) Get
c) Taking
d) Has

2. I like the kitchen because it was …light and warm.

a) Either
b) Both
c) Neither
d) None

3. My aun't didn't … go to the gym in the evening.

a) Used to go
b) Used to going
c) Use going
d) Use to go

4. You look exhausted. Sit down and I … you a cup of coffee.

a) Am going to make
b) Am making
c) Make
d) Will make

5. … being sick, he went to the office yesterday.

a) Although
b) Despite of
c) Despite
d) Because

6. I haven't had coffee …

a) Already
b) Yet
c) Still
d) Ever

7. Her bag is … than mine.

a) More heavy
b) Heaviest
c) Heavyier
d) Heavier

8. You have already gone to the supermarket, …

a) Do you?
b) Have you?
c) Aren't you?
d) Haven't you?

9. That is the singer … acted in the film I watched yesterday.

a) Which
b) Who
c) What
d) Where

10. I … my favourite T-shirt to someone, but I can't remember who it was.

a) Lend
b) Lent
c) Borrow
d) Borrowed

11. Rachel … up smoking, that is the reason why she hasn't bought any cigarrettes.

a) Is going to give
b) Gives up
c) Will give
d) Will gives

12. When my father lived in London, he had to … used to drive on the left.

a) Get
b) Got
c) Getting
d) Gets

13. They gave me two DVDs, but I haven't watched … of them yet.

a) Both
b) Nor
c) Either
d) Neither

14. I'm very proud of James. He has … finished hisessay.

a) Already
b) Ever
c) Yet
d) Still

15. Peter is looking … his folder where he keeps all his notes.

a) By
b) On
c) For
d) With

16. My uncle and his wife … married since 2007.

a) Had
b) Were
c) Are being
d) Have been

17. … it was too warm outside, we had a walk.

a) But
b) Moreover
c) Although
d) Inspite

18. ... come in?

a) May
b) Have
c) Will
d) Would

19. Their sister is a good friend of ...

a) Them
b) Theirs
c) They
d) Their

20. Check that you have turned all the lights off before ...the house.

a) Leaving
b) Leaves
c) To leave
d) Left

Answers

1. b) Get

La opción correcta sería "get", ya que indica que quieren conseguir, que es el significado de dicho verbo.

2. b) Both

Al referirnos a dos elementos, usamos "both", que equivaldría a "ambos".

3. d) Use to go

Para indicar un hábito, o, como en este caso, ausencia del mismo, utilizamos "used to/didn't use to".

4. d) Will make

Cuando se trata de ofrecimientos que se hacen de manera espontánea, lo hacemos con "Will + verbo en infinitivo".

5. c) Despite

Para expresar "a pesar de…" usamos en inglés la expresión "despite".

6. b) Yet

Al tratarse de una oración negativa con el tiempo verbal presente perfecto, se utiliza la partícula "yet" para especificar que algo "aún" no ha sucedido, pero esperamos que pase.

7. d) Heavier

Se trata de una oración comparativa. El comparativo de un adjetivo se forma normalmente añadiendo la terminación "-er". En este caso, al acabar en su forma base en "-y", al formar el comparativo esta desaparece, sustituyéndose por "-i-".

8. d) Haven't you?

Se trata de una "question tag". Son preguntas cortas que se añaden al final de la oración cuando no estamos seguros de algo, o para hacer preguntas retóricas. Al ser una oración afirmativa, la "question tag" irá en negativa, aunque tiene que coincidir el mismo tiempo verbal.

9. b) Who

Se trata del pronombre de relativo que empleamos cuando nos estamos refiriendo a personas que son el sujeto en la oración.

10. b) Lent

El verbo correcto a usar es "lend", ya que significa "dejar prestado". Al tratarse de un verbo irregular, la forma correcta del pasado es la correspondiente a la opción "b".

11. a) Is going to give up

Al tratarse de una acción futura planeada, pero cuyo planteamiento no es estable, se utiliza el futuro con "be going to + infinitivo".

12. a) Get

"Get used to + infinitivo" es una expresión que significa "acostumbrarse".

13. c) Either

Se emplea "either", ya que queremos indicar que "ninguna de las dos". Además, al estar la oración en negativa, es la opción correcta.

14. a) Already

Con el presente perfecto, utilizamos el adverbio "already" en la forma afirmativa para enfatizar que la acción ya ha sucedido. Esta va entre "have" y el verbo principal.

15. c) For

"Buscar" en inglés se forma con el verbo "look" seguido de la preposición "for".

16. d) Have been

La opción correcta sería el uso del presente perfecto, ya que se trata de una acción que comenzó en el pasado y aún continúa. Este se forma con el presente de "have" + el participio pasado del verbo principal.

17. c) Although

Al ir seguido de una oración, usamos "although". Significa "aunque".

18. a) May

Utilizamos el modal "may" para pedir permiso de una manera educada.

19. b) Theirs

Tenemos que emplear un pronombre posesivo. De todas las opciones, "theirs" es la única opción perteneciente a esta categoría.

20. a) Leaving

Después de preposiciones, en el caso de que vaya algún verbo, este se pone en gerundio.

Mock exam n.º 45

1. You may …use that book to write your essay.

a) Don't
b) Not
c) No
d) Won't

2. They were surprised … me after my surgery.

a) Seeing
b) To see
c) Seen
d) Saw

3. … I know, Rose is helping them with the project for that company.

a) As
b) Even
c) As far as
d) As though

4. I wonder … dresses my mother has got in her wardrobe.

a) How many
b) How much
c) Many
d) How often

5. That diamond is huge.it … a fortune.

a) Must
b) Must costed
c) Must be costing
d) Must cost

6. The taste of tomatoes … by where they are grown

a) Can affect
b) Is affecting
c) Has affected
d) Can be affected

7. When I … Kim a few weeks ago, she was worried about her mother's health.

a) See
b) Met
c) Meet
d) Call

8. My father like to keep his old car rather than buying a new one … it is more expensive to maintan it.

a) Even though
b) Because
c) However
d) As far as

9. The morning after the party, they found it hard to get up after the alarm clock …

a) Went off
b) Took off
c) Went out
d) Went up

10. … you run for more than an hour?

a) Can
b) Might
c) Must
d) Be able

11. The teacher … me that I did a great job with the research.

a) Told
b) Said
c) Say
d) Called

12. If I ... a car, I ... every month to the beach.

a) Have/ will drive
b) Had/ will drive
c) Had/ would drove
d) Had/ would drive

13. I ... told you about their engagement, if I had known you weren't informed.

a) Must have
b) Would have
c) Might have
d) Will have

14. Sophie's promotion depends ... her results on the psychological test.

a) Of
b) On
c) By
d) With

15. Nowadays, ...people who practice water sports is much greater than ten years ago.

a) The number of
b) Several of
c) A number of
d) A deal of

16. People have had their bodies tattooed ... centuries.

a) Since
b) For
c) While
d) Among

17. That photographer, ... name I can't remember, is my favourite.

a) When
b) Who
c) Whose
d) Whom

18. My father usually ... the newspaper while he has breakfast in the morning.

a) Read
b) Reads
c) Is reading
d) Will read

19. I couldn't visit you yesterday because I ... study all day for my Maths final.

a) Must
b) Have to
c) Should
d) Had to

20. My family is from a small village in Almeria, ... it doesn't rain too much.

a) When
b) Where
c) Why
d) Whose

Answers

1. b) Not

Para formar la negativa de un verbo, añadimos la partícula "not".

2. b) To see

Por norma general, después de un adjetivo, si va un verbo, este va en infinitivo precedido de "to".

3. c) As far as

Se trata de una frase hecha en inglés. "as far as I know" (hasta donde yo sé).

4. a) How many

La partícula interrogativa "how many" se utiliza con sustantivos contables, para preguntar "cuántos".

5. d) Must cost

El verbo modal "must" se utiliza cuando estamos seguros de algo.

6. d) Can be affected

Se trata de una oración pasiva que indica posibilidad. Por ello la opción correcta sería "can be affected".

7. b) Met

Por el contexto, se hace necesario el uso de un verbo en pasado simple. Por ello, la opción correcta sería "met".

8. a) Even though

Esta conjunción se emplea para unir dos oraciones. Su significado es "aunque".

9. a) Went off

El "phrasal verb" "go off" se emplea cuando queremos indicar que sonó la alarma.

10. a) Can

Para hablar de habilidades, utilizamos el verbo modal "can".

11. a) Told

Por el significado, y por el hecho de que no hay ninguna preposición entre el verbo y el objeto de la oración, el verbo correcto sería "told".

12. d) Had/ would drive

Se utiliza la 2.ª condicional para hablar de situaciones hipotéticas, que no son reales. Su primera partícula (condición irreal) se usa con el pasado simple de un verbo, y la segunda parte se forma con "would + infinitive".

13. b) Would have

Se utiliza la 3.ª condicional para hablar de situaciones que han ocurrido en el pasado y que no se pueden modificar. Su primera partícula se usa con el pasado perfecto de un verbo. La segunda se forma con el modal perfecto "would + have + participio perfecto".

14. b) On

El verbo "depend" va seguido de la preposición "on + something".

15. a) The number of

La opción correcta es la "a", ya que habla del número de personas, en este caso.

16. b) For

Cuando queremos indicar un periodo de tiempo durante el cual se lleva a cabo una acción, utilizamos la preposición "for".

17. c) Whose

El pronombre relativo que indica posesión es "whose" (cuyo/a) por lo que es la opción correcta.

18. b) Reads

Se trata de un hábito realizado por un sujeto correspondiente a la 3.ª persona del singular, por lo que la "b" es la opción correcta.

19. d) Had to

"Have to + infinitivo" se utiliza para hablar de una acción que es necesaria realizar.

20. b) Where

Usamos "where", ya que nos estamos refiriendo a un lugar.

Mock exam n.º 46

1. She ... my new shoes without asking my permission. I am really angry.

a) Mustn't have taken
b) Might not have taken
c) Shouldn't have taken
d) Shouldn't taken

2. ...we move to the kitchen? Sam and Jenny are there cooking dinner.

a) Shall
b) Will
c) Would
d) Must

3. I have lived in this house since my brother ...

a) Born
b) Was born
c) Borns
d) Were born

4. Mary and her sisters ... to that disco tonight to celebrate her engagement.

a) Go
b) Went
c) Are going
d) Will going

5. I am going to meet my cousins ... Trafalgar Square tonight.

a) In
b) To
c) At
d) On

6. Some of those toys are …, others belong to … nephew.

a) Mine/my
b) My/my
c) Me/ mine
d) Me/ he

7. These trainers … for daily use.

a) Design
b) Designs
c) Are designed
d) Designed

8. I really enjoyed … with their daughter yesterday.

a) To play
b) Playing
c) Play
d) Played

9. My boyfriend cooked a … cake for my birthday.

a) Disgust
b) Disgusted
c) Disgusting
d) Disgustly

10. She helped her best friend, … she was very angry with her.

a) Despite
b) Inspite
c) Though
d) However

11. He acts … like a brother … like a friend.

a) More/ than
b) More/ that
c) Less/ that
d) More/ as

12. They ... always ... about their job in that supermarket.

a) Are/ complained
b) Are/ complaining
c) Have/ complaining
d) Are/ been complaining

13. America wasn't discovered in 1592. The answer in the book ... be wrong

a) May
b) Might
c) Must
d) Should

14. Listen! I think someone ... outside.

a) Shout
b) Shouts
c) Is shouting
d) Shouting

15. They tried to open the window ... a knife.

a) Of
b) By
c) To
d) With

16. ... beautiful necklace belonged to my grandmother.

a) This
b) These
c) Those
d) Theese

17. They avoided ... one more beer because they wanted to got home early.

a) Have
b) To have
c) Having
d) Had

18. Molly is interested… reading poetry books.

a) On
b) From
c) For
d) In

19. … Alex was late, we were all on time to take the train.

a) Although
b) However
c) Despite
d) Though

20. If I had been at home, I … you with your homework.

a) Will help
b) Would help
c) Would have help
d) Would helped

Answers

1. c) Shouldn't have taken

Para hablar de una acción pasada que ocurrió de un modo, pero hubiera sido mejor que no hubiera sido así, utilizamos el modal perfecto "should have + participio pasado".

2. a) Shall

Shall es un verbo auxiliar que se utiliza en forma afirmativa para pedir opinión sobre algo.

3. b) Was born

En inglés, nacer se dice "to be born", ya que se considera una acción pasiva. El verbo "to be" se conjuga en el verbo que sea necesario.

4. c) Are going

Un futuro planificado se expresa usando presente continuo.

5. c) At

Cuando queremos mencionar una ubicación concreta en un espacio abierto, empleamos la preposición "at".

6. a) Mine/ my

En la primera oración se necesita un pronombre posesivo. Sin embargo, en la segunda un determinante posesivo, ya que va acompañando a un sustantivo.

7. c) Are designed

Se trata de una oración pasiva. Como es una acción pasada, se forma con el pasado simple del verbo "to be + participio pasado del verbo".

8. b) Playing

Verbos que indican gusto por algo, suelen ir seguidos de un verbo en gerundio, por lo que "playing" sería la opción correcta.

9. c) Disgusting

Cuando queremos expresar una característica de algo bajo nuestra percepción, utilizamos el adjetivo formado en gerundio.

10. a) Despite

Para expresar "a pesar de…" usamos en inglés la expresión "despite".

11. a) More/ than

Al ser una oración comparativa de superioridad, utilizamos la expresión "more + adjetivo + than".

12. b) Are/ complaining

Cuando queremos expresar un hábito o una costumbre que tiene alguien, pero este nos resulta molesto, usamos el presente continuo.

13. c) Must

El verbo modal "must" se utiliza cuando estamos seguros de algo.

14. c) Is shouting

Se trata de una oración que ha de ir en presente continuo, ya que se indica que está sucediendo en el momento que se habla.

15. d) With

Para indicar la herramienta con la que se realizó una acción, utilizamos la preposición "with".

16. a) This

Se trata del determinante demostrativo en singular que indica un objeto que está cercano, en primer plano.

17. c) Having

El verbo "avoid" siempre va seguido de un verbo en gerundio, por lo que la opción "c" es la única correcta.

18. d) In

El adjetivo "interested" va seguido de "in + el objeto de interés".

19. a) Although

Al ir seguido de una oración, usamos "although". Significa "aunque".

20. b) Would help

Se trata de una segunda condicional, cuya parte "if +…" va seguida de un verbo en past simple. La segunda parte se forma con "would + infinitivo".

Mock exam n.º 47

1. … anyone seen my mobile phone? I think I left it on the table.

a) Did
b) Were
c) Have
d) Has

2. I couldn't decide between the yellow or the pink blouse. I like them …

a) Both
b) Two
c) Either
d) Neither

3. Those glasses cost … hundred dollars, it was an offer.

a) A
b) An
c) One
d) a) and c) can be used

4. Joseph fell … during the president's speech.

a) Sleep
b) Slept
c) Asleep
d) Aslept

5. They … for you at home if you … your keys in your bag.

a) Wait/ won't have
b) Wait/ don't have
c) Will wait/ don't have
d) Will wait/ won't have

6. Everybody … by the news about their economical situation.

a) Was shocked
b) Shocked
c) Had shocked
d) Have been shocked

7. … have you been? I have been waiting for you at the bus stop for ages!

a) How
b) When
c) How far
d) Where

8. You don't know anything about it, but your sister- in- law has got five …

a) Tatoos
b) Tattoes
c) Tattoos
d) Tattooes

9. They attend the music academy every … day.

a) Other
b) Others
c) Other's
d) Another

10. All my classmates met … Easter.

a) Since
b) While
c) During
d) From

11. She can buy those yoghurts for you. She goes … the supermarket on her way to the gym.

a) Off
b) With
c) Over
d) By

12. If Mrs. Johnson knew how to do it, she ... your laptop yesterday.

a) Repair
b) Have repaired
c) Would have repaired
d) Would repaired

13. The policemen couldn't remember the name of that boy ... was arrested.

a) Whom
b) Where
c) Whose
d) Who

14. It ... all week. I hope it stops because I really hate rain.

a) Rains
b) Is raining
c) Has been raining
d) Has being raining

15. You ... forget to call the houselord tomorrow. The washing machine is broken.

a) Must
b) Mustn't
c) Don't have to
d) Shouldn't

16. Mr. Smith likes his son- in- law because he is polite... responsible.

a) Or
b) But
c) And
d) So

17. Jeff made this jumper...

a) Themselves
b) Himself
c) Herself
d) Itself

18. Huawei phones ... made in China.

a) Be
b) Is
c) Are
d) Have

19. Brian is such a ... He can't even read what's on that sign.

a) Well- manered
b) Old- fashioned
c) Long- haired
d) Short- sighted

20. I ... you to a breakfast if you help me move on Monday.

a) Invite
b) Would invite
c) Will invite
d) Invited

Answers

1. d) Has

Se trata de un verbo en presente perfecto. "Anyone" se conjuga como 3.ª persona del singular. Por ello la opción correcta es la "d".

2. a) Both

Al referirnos a dos elementos, usamos "both", que equivaldría a "ambos".

3. d) a) and c) can be used

En este caso, podemos utilizar tanto el determinante artículo indeterminado como el numeral, por lo que la "d" sería la opción correcta.

4. c) Asleep

"To fall asleep" significa "quedarse dormido".

5. c) Will wait/ don't have

Se trata de una oración 1.ª condicional en la cual si se da una circunstancia (en present simple) habrá una consecuencia (Will + infinitivo, en future simple).

6. a) Was shocked

La opción correcta sería "was shocked", ya que el verbo correcto en la oración es "to be".

7. d) Where

La partícula interrogativa correspondiente cuando preguntamos por lugares es "where".

8. c) Tattoos

La forma adecuada de escribir la palabra es la indicada en la opción "c".

9. a) Other

"Every other day" es una expresión que en inglés significa "días alternos".

10. c) During

Usamos "during" para referirnos al tiempo o al momento en que se desarrolla una acción (pero no se determina la duración exacta de la misma, como ocurre con "for").

11. d) By

Uno de los significados del "phrasal verb" "go by" es "hacer una pequeña parada en algún sitio durante un trayecto porque te pilla de camino".

12. c) Would have repaired

Se utiliza la 3.ª condicional para hablar de situaciones que han ocurrido en el pasado y que no se pueden modificar. Su primera partícula se usa con el pasado perfecto de un verbo, y la segunda con el modal perfecto "would + have+ participio pasado".

13. d) Who

Se trata del pronombre de relativo que empleamos cuando nos estamos refiriendo a personas que son el sujeto en la oración.

14. c) Has been raining

Se usa el presente perfecto continuo para indicar una acción que comenzó en el pasado, y continúa en el presente, siendo un proceso que no ha parado. Se forma con "presente have + participio to be + gerundio verbo principal".

15. b) Mustn't

El verbo modal "must" en su forma negativa indica una prohibición, algo que no debemos hacer. En este caso, no se nos puede olvidar.

16. c) And

Utilizamos la conjunción "and" para nombrar una serie de elementos.

17. b) Himself

Se utiliza "himself" para referirnos a algo que, en este caso realiza el sujeto (he) por él mismo, es decir, un pronombre reflexivo.

18. c) Are

Se trata de una pasiva, por lo que debemos seleccionar el verbo "to be". Teniendo en cuenta que el sujeto de la oración corresponde a la 3.ª persona del plural, la opción correcta es "c".

19. d) Short-sighted

Teniendo en cuenta el contexto y el significado de la oración, el adjetivo correcto que debemos elegir es "short-sighted".

20. c) Will invite

Se trata de una oración 1.ª condicional en la cual si se da una circunstancia (en presente simple) habrá una consecuencia (future simple).

Mock exam n.º 48

1. I … black humor. It made me sick.

a) Don't like
b) Haven't like
c) Am not liking
d) Haven't like

2. Did you cousins behave …?

a) Himself
b) Ourselves
c) Themselves
d) Itself

3. You … take along some cash, because credit cards are not accepted in that shop.

a) Can
b) Had better
c) Could
d) May

4. When you … back from your holidays, we'll talk about it.

a) Came
b) Are coming
c) Come
d) Have come

5. …you looking for a new job?

a) ---
b) Will
c) Have
d) Are

6. Many actors… waiters before becoming famous.

a) Are used to be
b) Used to be
c) Used to being
d) Are use to be

7. I've lost my sunglasses. I wish I … those Rayban las weekend.

a) Buy
b) Will buy
c) Bought
d) Buying

8. The doctor asked me … I smoked.

a) If
b) Don't
c) Unless
d) Although

9. "Be nice … your grandparents, please", my mother said.

a) At
b) To
c) Of
d) For

10. … all the problems, they solved the situation.

a) Because
b) In spite of
c) Although
d) Wether

11. My grandfather is illiterate, he can't … read nor write.

a) Neither
b) Both
c) Either
d) But

12. What a gorgeous kitten! I wish I ... a pet!

a) Have had
b) Had
c) Had had
d) Am having

13. Sarah often talks ... when she is worried about something.

a) Herself
b) Hers
c) Her
d) She

14. Jonas will ... to living in a very rainy weather in Dublin.

a) Used
b) Get used
c) Get use
d) Use

15. "Where have you studied?" she asked him. She wanted to know ...

a) Where he has studied
b) If he studied
c) Where he had studied
d) Where he studies

16. The baby couldn't sleep last night ... the toothache.

a) Although
b) Because
c) Despite
d) Because of

17. The remote ... be broken. Maybe the battery is dead.

a) Should
b) Must
c) Can't
d) Might not

18. ... anybody who can tell me the truth?

a) There is
b) There are
c) Is there
d) Are there

19. I think Rob shouldn't become a teacher. He hasn't got ... patience.

a) Much
b) Many
c) Lots
d) Few

20. After a long illness, Miriam's godfather passed ...

a) Off
b) Away
c) Down
d) After

Answers

1. a) Don't like

Los verbos que expresan gusto, se expresan en presente simple, ya que es algo permanente. Por ello, la opción correcta es la "a".

2. c) Themselves

Se utiliza "themselves", es decir, un pronombre reflexivo, para referirnos a acciones que, en este caso realiza el sujeto (they) por ellos mismos.

3. b) Had better

"Had better" se utiliza para dar un consejo o recomendación, pero de un modo más fuerte que por ejemplo "should". Se podría traducir por "más te vale".

4. c) Come

En este caso se utiliza el presente simple como subjuntivo "cuando vengas". Se trata de una oración de 1.ª condicional.

5. d) Are

Al tratarse de una oración interrogativa en presente continuo, es necesaria la la elección de la opción que contiene el verbo "to be".

6. b) Used to be

Usamos "used to" para hablar de hábitos pasados que ya han dejado de serlo.

7. c) Bought

Esta construcción se forma con el pasado simple de los verbos. En este caso, "buy" es irregular, y su participio pasado es "bought".

8. a) If

La conjunción correcta a usar en este caso sería "if", que equivale al "si" condicional.

9. b) To

El adjetivo "nice" cuando va seguido de un objeto, va precedido por la preposición "to".

10. b) In spite of

Teniendo en cuenta el significado de la oración, el conector correcto que debemos elegir es "in spite of", es decir, "a pesar de".

11. c) Either

"Either" se utiliza en construcciones negativas, para expresar "tampoco".

12. b) Had

La construcción "I wish I…" va seguida de un verbo en pasado simple. Por ello la opción correcta es "had".

13. a) Herself

El pronombre reflexivo empleado para la 3.ª persona del singular femenino es "herself".

14. b) Get used

"Get used to + infinitivo" es una expresión que significa "acostumbrarse".

15. c) Where he had studied

Al tratarse de una oración en estilo indirecto, cambian los tiempos verbales y la estructura de la oración. La correcta sería la "c".

16. d) Because of

"Because of" es un conector que se emplea para introducir la causa de algo. El motivo por el cual se da una acción.

17. d) Might not

Se emplea el modal "might" en su forma negativa para expresar la posibilidad de que no pase algo, o la probabilidad de que algo que pensábamos *a priori* no sea así.

18. c) Is there

Utilizamos "is there" ya que es una oración interrogativa, en la que se pregunta por la existencia de un sustantivo incontable (hay).

19. a) Much

Utilizamos "much" acompañando al sustantivo "patience" porque se trata de un sustantivo incontable en inglés.

20. b) Away

El "phrasal verb" "to pass away", significa "fallecer".

Mock exam n.º 49

1. My best friend …that strawberry and cinnamon cake.

a) Done
b) Has done
c) Is done
d) Doing

2. When we came home, Diana … lunch.

a) Has done
b) Was done
c) Is doing
d) Had done

3. I … when the lights went off.

a) Read
b) Has read
c) Had been reading
d) Had read

4. "Don't be rude" dad said. - Dad urged me …

a) Don't be rude
b) Not to be rude
c) Not being rude
d) I was rude

5. He won the medal … his old age.

a) Because of
b) Because
c) In spite of
d) Although

6. I need your support, please, don't let me …

a) Away
b) Off
c) Up
d) Down

7. Thomas cooked … pasta for two people.

a) Many
b) A lot of
c) A few
d) Lots

8. This time next week I … to Dublin.

a) Travel
b) Will travelling
c) Will be travelling
d) Am travelling

9. That is the boy … she fell in love with at university.

a) Who
b) Whose
c) Whom
d) Which

10. If his uncle … the helmet, he wouldn't have died in the accident.

a) Has wore
b) Has worn
c) Had wore
d) Had worn

11. That professor … in New York for ten years.

a) Lives
b) Has been living
c) Is living
d) Is been living

12. I have an appointment at the hairdresser to ... my hair ...

a) Have/ dyed
b) Is/ dyed
c) Had/ dying
d) Be/ dyed

13. I was working at the office ... the manager came in.

a) When
b) Unless
c) While
d) For

14. After the marathon, all the runners were ...

a) Exhausting
b) Exausted
c) Exhaust
d) Exhausted

15. She can't believe she passed ... yesterday's test.

a) ---
b) A
c) The
d) An

16. Lizzy was born ... 1985.

a) At
b) On
c) In
d) The

17. That pencilcase isn't mine. It belongs to Leonard. It's ...

a) Mine
b) It
c) Theirs
d) His

18. You don't like chickpeas, …?

a) Do you?
b) Don't you?
c) Have you?
d) You do?

19. They … their names on the list.

a) Sign
b) Signed
c) Signing
d) Would sign

20. I like that new TV show. I … really … it.

a) Had/ enjoying
b) …/enjoying
c) Am/ enjoying
d) Can/ enjoy

Answers

1. b) Has done

La opción correcta sería el uso del presente perfecto, ya que se trata de una acción que se realizó en el pasado, pero tiene repercusión en el presente, o acaba justo de finalizar. Se forma con el presente de "have"+ el participio pasado del verbo principal.

2. d) Had done

Se utiliza el pasado perfecto para indicar que una acción ya había sucedido, cuando posteriormente ocurrió otra acción (son las dos pasadas, pero la de pasado perfecto es anterior).

3. c) Had been Reading

Se utiliza el pasado perfecto continuo para indicar que una acción que se había prolongado un tiempo ya había sucedido, cuando posteriormente ocurrió otra acción (son las dos pasadas, pero la de pasado perfecto continuo es anterior y más larga).

4. b) Not to be rude

A la hora de pasar una oración imperativa negativa de estilo directo a indirecto lo hacemos con la siguiente estructura "not + to + infinitivo + resto de la oración".

5. c) In spite of

Teniendo en cuenta el significado de la oración, el conector correcto que debemos elegir es "in spite of", es decir, "a pesar de".

6. d) Down

"Tol et down" es un "phrasal verb que significa "defraudar/decepcionar".

7. b) A lot of

"A lot of" se usa con sustantivos contables para indicar mucha cantidad. La diferencia con "much" y "many" es que "a lot of" se utiliza casi siempre en oraciones afirmativas.

8. c) Will be travelling

El futuro continuo se emplea para hablar de acciones que en el futuro estarán en proceso. Se forma con "Will + be+ verbo en gerundio".

9. c) Whom

"Whom" se utiliza para expresar "de quién", es decir, sobre quién recae la acción.

10. d) Had worn

Se utiliza la 3.ª condicional para hablar de situaciones que han ocurrido en el pasado y que no se pueden modificar. Su primera partícula se usa con el pasado perfecto de un verbo.

11. b) Has been living

Se utiliza el presente perfecto continuo para hablar de acciones que comenzaron en el pasado pero continua en el presente.

12. a) Have/ dyed

Se trata de una construcción específica de pasiva, que utilizamos cuando encargamos a alguien que haga algo por nosotros. Se construye con "have/get + objeto/ something + verbo en participio pasado".

13. c) While

Usamos "while" para referirnos a una acción que se lleva a cabo, mientras otra se produce a la misma vez.

14. d) Exhausted

Empleamos los adjetivos acabados en "-ed" cuando hablamos de cómo se sentían los sujetos.

15. a) ---

En esta oración, no es necesario el uso de ningún tipo de artículo, ya que la palabra "yesterday" nunca lo lleva.

16. c) In

Para hablar de años, utilizamos delante la preposición "in".

17. d) His

Tenemos que emplear un pronombre posesivo. De todas las opciones, "his" es la única opción que corresponde a esta categoría y pertenece a la 3.ª persona del singular masculino.

18. a) Do you?

Se trata de una "question tag". Son preguntas cortas que se añaden al final de la oración cuando no estamos seguros de algo, o para hacer preguntas retóricas. Al ser una oración negativa, la "question tag" irá en afirmativa, aunque tiene que coincidir el mismo tiempo verbal.

19. b) Signed

Por el contexto, se hace necesario el uso de un verbo en pasado simple. Por ello, la opción correcta sería "signed".

20. c) Am/ enjoying

Se trata de una expresión que se hace en el momento de hablar, por lo que ha de ir en presente continuo.

Mock exam n.º 50

1. I haven't driven a car ... we got lost in Madrid.

a) For
b) During
c) When
d) Since

2. You have been on holiday this year, ...

a) Have you?
b) Do you?
c) Don't you?
d) Haven't you?

3. The employees ... of the results of the negotiations by the boss.

a) Will inform
b) Would inform
c) Will be informed
d) Inform

4. Their daughter is ... an angel.

a) As
b) As if
c) Look like
d) Like

5. ... your mobile phones in the classroom.

a) Don't use
b) Must use
c) Doesn't use
d) Not use

6. I think Russian is … language in the world.

a) Difficult
b) The more difficult
c) The most difficult
d) The difficultest

7. The teacher is very tired. She won't put up … any nonsense.

a) With
b) Along
c) In
d) Around

8. I don't know … I can buy those trainers.

a) Why
b) Where
c) So that
d) About

9. What is she like?

a) She is tall and beautiful
b) She likes going out
c) She is cheerful
d) She likes horror films

10. "Do you like my new boots?" he asked me. He asked me…

a) Whether I liked his new boots
b) If I liked her new boots
c) If I like his new boots
d) Do I like his new shoes?

11. I am … playing chess than you.

a) Good
b) The best
c) Better
d) More good

12. I … about the exam yesterday in the evening.

a) Told
b) Was telling
c) Was told
d) Were told

13. I'll wait for a minute, because my soup is … hot to drink.

a) Enough
b) Too
c) Less
d) Many

14. They … to eat broccoli salad last night.

a) Want
b) Could want
c) Wanted
d) Were wanting

15. Mary … the dog yesterday at 6 o'clock.

a) Walking
b) Walk
c) Was walking
d) Walks

16. … the book by Sunday?

a) Will you have read
b) Will you read
c) Would you read
d) You will have read

17. While some students … the computers, others were at the library.

a) Use
b) Used
c) Using
d) Were using

18. She will come if she … on time.

a) Finish
b) Finishes
c) Would finish
d) Had finished

19. Finally, Ralph … the truth about his family.

a) Put out
b) Took off
c) Found out
d) Looked up

20. My sister and my girlfriend don't seem to … each other.

a) Get along with
b) Take after with
c) Call off
d) Do with

Answers

1. d) Since

Cuando se habla de un momento determinado en el pasado, en el que comenzó una acción, se utiliza "since".

2. d) Haven't you?

Se trata de una "question tag". Son preguntas cortas que se añaden al final de la oración cuando no estamos seguros de algo, o para hacer preguntas retóricas. Al ser una oración afirmativa, la "question tag" irá en negativa, aunque tiene que coincidir el mismo tiempo verbal.

3. c) Will be informed

Se trata de una oración pasiva en futuro, por lo que la opción correcta es la "c".

4. d) Like

Cuando hacemos una comparación, utilizamos "like".

5. a) Don't use

Para oraciones en imperativo, utilizamos el presente simple, por lo que la opción correcta es la "a".

6. c) The most difficult

Cuando se trata de adjetivos largos, para formar el superlativo, lo hacemos poniento "the + most + adjetivo en su forma base".

7. a) With

Se trata de un "phrasal verb". "Put up with" significa "tolerar".

8. b) Where

Se necesita el uso de un adverbio que indique lugar. Este es "where".

9. a) She is tall and beautiful

La respuesta que correspondería a la pregunta realizada es la correspondiente a la opción "a".

10. a) Whether I liked his new boots

En este caso, estamos pasando una oración de estilo indirecto a directo. La opción correcta es la "a", teniendo en cuenta los tiempos verbales y los determinantes posesivos.

11. c) Better

"good" es un adjetivo irregular. En su forma comparativa es "better".

12. c) Was told

Se trata de una oración pasiva en pasado, que se forma con el pasado del verbo "to be" seguido del verbo principal en participio pasado.

13. b) Too

Se trata de un adverbio que añade intensidad al adjetivo, normalmente con connotación negativa (demasiado).

14. c) Wanted

Se trata de una oración en pasado. Al ser un verbo regular, la opción correcta es "wanted".

15. c) Was walking

A la hora de expresar una acción pasada que estaba en proceso, prolongándose por un tiempo, utilizamos el pasado continuo del verbo.

16. a) Will you have read

Se trata de una oración interrogativa en futuro perfecto. Se usa este tiempo verbal porque estamos preguntando si en el futuro esa acción ya habrá terminado.

17. d) Were using

A la hora de expresar una acción pasada que estaba en proceso, prolongándose por un tiempo, utilizamos el pasado continuo del verbo.

18. b) Finishes

Se trata de una primera condicional. La cláusula del "if" se forma con el presente simple. Al ser el sujeto "she", la opción correcta es la "b".

19. c) Found out

La opción correcta es la "c", ya que se trata de un "phrasal verb" cuyo significado es "descubrir".

20. a) Get along with

La opción correcta es la "a", ya que se trata de un "phrasal verb" cuyo significado es "llevarse bien/tener una relación amistosa con…".

Mock exam n.º 51

1. It's so ... Rebecca to be late.

a) Like
b) Likes
c) As
d) Look

2. Snakes are ... dangerous.

a) Extreme
b) Extremely
c) Extremelly
d) Extremly

3. Louise doesn't work ... February.

a) Ago
b) Since
c) For
d) From

4. My grandfather usually ... the housework early in the morning.

a) Does
b) Do
c) Makes
d) Is making

5. We are at home today. ... us a shout if you need anything.

a) Bring
b) Do
c) Make
d) Give

6. Neither Christina ... Carol want to go shopping with me.

a) And
b) Also
c) Or
d) Nor

7. ... my students are very respectful and nice.

a) Each
b) Every
c) Each of
d) All of

8. Lisa was ... about being late.

a) Embarrassing
b) Embarrassed
c) Embarrased
d) Embarrasing

9. Your nephew ... likes drawing.

a) Also
b) As well as
c) To
d) In addition

10. Water boils if you ... it to 100 ºC.

a) Heats
b) Heat
c) Will heat
d) Heating

11. Have they ... studying all the evening?

a) Being
b) Been
c) Be
d) Were

12. I have … had a shower, so my hair is wet.

a) Just
b) Still
c) Yet
d) Although

13. The lights of my parent's house are off. They … out.

a) Must go
b) Must have go
c) Must have gone
d) Must going

14. That song was … by Ed Sheeran.

a) Write
b) Wrote
c) Written
d) Writing

15. "He is 20 years old" she said. She said he … 20 years old.

a) Was
b) Is
c) Will be
d) Were

16. Andrew has learned Chinese …

a) Easy
b) Easing
c) Easily
d) Easilly

17. Somebody … calling you.

a) Are
b) Were
c) Be
d) Is

18. Finally, Jess decided … her job.

a) To quit
b) Quit
c) Quitting
d) Quitted

19. … type of music do you like?

a) Which
b) What
c) Whom
d) Wich

20. We … go to the park on my birthday when I was a child.

a) Used
b) Use
c) Use to
d) Used to

Answers

1. a) Like

Se utiliza "like" para decir que algo es típico de alguien.

2. b) Extremely

La forma correcta de escribir este adverbio intensificador es la mostrada en la opción "b".

3. b) Since

Cuando queremos indicar el momento en el que comenzó una acción o situación y se prolonga hasta el presente, utilizamos "since".

4. a) Does

Utilizamos el verbo "do", ya que hacemos hincapié en el proceso y no en el resultado. Además, se habla de cosas en general, no se especifica la actividad en sí. La opción "a" es la correcta, ya que está el verbo conjugado en presente simple, porque estamos hablando de una rutina.

5. d) Give

Se trata de un llamado "delexical". Son verbos que van acompañados de determinados sustantivos. "Give" se utiliza normalmente con sonidos, expresiones faciales o cariño. La expresión de la oración significa algo así como "pegar un toque/avisar".

6. d) Nor

Con "neither" las dos ideas que se mencionan están separadas por la preposición "nor".

7. c) Each of

Utilizamos "each of" para hacer énfasis en que todos y cada uno cumplen la acción o lo que se nombra. Utilizamos esta expresión cuando lo que sigue es un sustantivo con un determinante.

8. b) Embarrassed

Los adjetivos que acaban en "-ed" los utilizamos para expresar emociones. La forma correcta de escribir el adjetivo es la correspondiente a la opción "b".

9. a) Also

Se utiliza este conector para dar énfasis. Suele colocarse entre el sujeto y el verbo de la oración. Por ello es la elección correcta.

10. b) Heat

Se trata de una "condicional cero". Esta se emplea cuando la acción y el resultado son siempre verdad, como es el caso de los hechos científicos. Al ser el sujeto "you", la opción correcta es la "b".

11. b) Been

La oración está en presente perfecto continuo. Su estructura es "Have/Has+ been + verbo en gerundio". Por ello, la parte que falta en la oración ha de ser el participio pasado del verbo "to be".

12. a) Just

"Just" se emplea para indicar que una acción acaba de finalizar. Se traduce como "justo/acabar de…" y, en el caso del presente perfecto, se coloca entre el auxiliar y el verbo principal.

13. c) Must have gone

Se utiliza el modal perfecto "must + have + participio pasado" para hablar sobre una conclusión lógica que hacemos sobre algún hecho pasado.

14. c) Written

Al ser una oración pasiva, esta se forma con el verbo "to be" conjugado de la forma que corresponda, y añadiendo el participio pasado del verbo principal.

15. a) Was

A la hora de pasar una oración de estilo directo a indirecto, tenemos que cambiar, entre otras cosas, el tiempo verbal. En el caso de oraciones en presente simple, el verbo pasaría a pasado simple.

16. c) Easily

La formación correcta del adverbio a raíz del sustantivo "easy" es añadiendo el sufijo "-ly", por lo que la opción correcta es la "c". Al acabar en "-y", al añadir el sufijo esta se sustituye por "-i-".

17. d) Is

Los pronombres indefinidos en singular, como es el caso de "nobody", se conjugan con el verbo en singular.

18. a) To quit

Cuando el verbo "decided" va seguido de un verbo, este se pone "to + infinitivo".

19. b) What

Al tratarse de una pregunta abierta, con opciones infinitas a la hora de responder, se utiliza la partícula interrogativa "what".

20. d) Used to

Utilizamos la expresión "used to + infinitivo" cuando queremos expresar un hábito pasado que ya no se da.

Mock exam n.º 52

1. My aunt Barbara ... swimming twice a week.

a) Goes
b) Does
c) Goes for
d) Go

2. ...she come to the party if I go?

a) Do
b) Would
c) Will
d) Is

3. We don't know, but it ... funnier if you had come.

a) May have been
b) Must have been
c) May be
d) May been

4. Adam asked: "Are you at home?" Adam asked me if I ... at home

a) Were
b) Am
c) Is
d) Was

5. I am reading an ... adventure's book.

a) Exciting
b) Excitying
c) Excited
d) Excited

6. William worked hard on the project, … he always does.

a) Such as
b) As
c) Like
d) Likes

7. I am very hungry. … I have to wait for my friend.

a) Still
b) Ho7wever
c) Already
d) Tough

8. The classroom … by the teacher.

a) Will decorated
b) Being decorated
c) Will have decorated
d) Will be decorated

9. … music do you prefer, pop or rock?

a) Which
b) Wich
c) What
d) Whitch

10. … they … to go to the swimming pool in summer?

a) Did/use
b) Do/use
c) Did/used
d) Did/used to

11. I just met my best friends. I don't want to know anything about …

a) Other
b) Others
c) Anothers
d) The others

12. I … the rain in London.

a) Am getting used to
b) Being used
c) Being used to
d) Am get used to

13. I work in the afternoon … they do in the morning.

a) While
b) Whereas
c) As well
d)Although

14. (The doorbell rings) - "I'm …"

a) Go
b) Come
c) Coming
d) Going

15. I want to … a walk this evening if it is sunny.

a) Go
b) Go for
c) Do for
d) Do

16. It is … to rain, you should bring an umbrella.

a) Go
b) While
c) Likely
d) Like

17. Is Cynthia capable … fixing the door?

a) For
b) By
c) Of
d) With

18. My cousin loves cheese. He … likes Cheddar.

a) Special
b) Especial
c) Specially
d) Especially

19. It was freezing, so they decided …

a) Don't go
b) Not to go
c) Don't to go
d) Not going

20. My husband gave me the present …

a) Originally
b) Original
c) Origins
d) Originaly

Answers

1. a) Goes

Habitualmente, para acciones que implican movimiento como es el caso de los deportes, y cuyo sustantivo acaba en "-ing", utilizamos el verbo "go".

2. c) Will

Al tratarse de una primera condicional, la primera cláusula que observamos ha de ir conjugada con el futuro "will".

3. a) May have been

El modal "may/might + have + participio pasado" se emplea para hablar de una posibilidad en el pasado, pero de la cual no tenemos seguridad.

4. d) Was

A la hora de pasar una oración de estilo directo a indirecto, tenemos que cambiar, entre otras cosas, el tiempo verbal. En el caso de oraciones en presente simple, el verbo pasaría a pasado simple.

5. a) Exciting

Los adjetivos acabados en "-ing" describen las características de objetos o personas. Es por ello por lo que esta oración requiere dicha terminación.

6. b) As

"As" significa "de la misma manera/ del mismo modo". A diferencia de "like" (va seguido de sustantivos), va siempre seguido de un sujeto y un verbo. Es por ello que la "b" es la opción correcta.

7. b) However

Suele utilizarse al principio de la oración. Su significado sería "sin embargo". Por ello, la opción "b" es la correcta.

8. d) Will be decorated

Se trata de una oración pasiva en futuro. Por ello, su estructura ha de ser "Will + be + participio pasado del verbo principal".

9. a) Which

Al tratarse de una pregunta cuyas respuestas son limitadas, dado que se muestran las opciones, se emplea la partícula interrogativa "which". La opción "a" es la correcta, ya que es la forma correcta de escribirlo.

10. a) Did/use

Utilizamos la expresión "used to + infinitivo" cuando queremos expresar un hábito pasado que ya no se da. Al tratarse de una oración interrogativa, pasamos a utilizar la estructura "did + sujeto + use + to + infinitivo verbo principal".

11. d) The others

En este caso se requiere el uso de un pronombre. Por ello, la respuesta correcta es la "d", ya que es el único de esta categoría.

12. a) Am getting used to

Cuando queremos indicar que estamos en proceso de adquisición de un hábito, utilizamos la estructura "get + used + to + verbo en gerundio". El verbo "get" se conjuga en el tiempo verbal que corresponda en cada situación.

13. b) Whereas

Utilizamos el conector "whereas" cuando nombramos dos actividades contrapuestas, que no se realizan al mismo tiempo. Lo traducimos por "mientras que".

14. c) Coming

Se utiliza el verbo "come" debido a que el hablante está dirigiéndose e implicando a otra persona. En este caso está hablando a la persona que ha llamado al timbre, por lo que se usa "come". Además, este iría en gerundio, ya que la acción se realiza en el momento de hablar y por tanto ha de ir en presente continuo.

15. b) Go for

Habitualmente, para acciones que implican movimiento como es el caso de los deportes utilizamos el verbo "go". En el caso de que el sustantivo no acabe en "-ing" utilizamos "go for".

16. c) Likely

Para indicar la probabilidad de que algo suceda, utilizamos la estructura "to be (conjugado) + likely + to + verbo en forma base".

17. c) Of

El adjetivo "be capable" siempre va seguido de la preposición "of" cuando se indica el objeto de la oración.

18. d) Especially

La opción correcta es la "d". Utilizamos el adverbio "especially" para hacer énfasis de algo, o hablar de una particularidad.

19. b) Not to go

El verbo "decided" va seguido de "to + infinitivo". Por ello, en su forma negativa, el modo correcto de hacerlo es como se expresa en la opción "b".

20. a) Originally

En este caso se requiere el uso de un adverbio, ya que describe una característica de la acción. Por ello, al adjetivo se le añade la desinencia "-ly". Sin embargo, al acabar dicho adjetivo en "-l", esta letra se duplica.

Mock exam n.º 53

1. Almost … T-shit was dirty.

a) All
b) Every
c) Each
d) All of

2. … I was exhausted, I had a good time at the beach.

a) Despite
b) Tough
c) Too
d) Already

3. What …you… if you were me?

a) Did/do
b) Was/done
c) Would/doing
d) Would/do

4. Bruce wants … cup of tea.

a) Other
b) Another
c) Others
d)The another

5. My brother …getting up early every day.

a) Uses to
b) Uses
c) Is used to
d) Is used

6. Where does Lucy ... from?

a) Comes
b) Goes
c) Come
d) Go

7. it will ... snow tomorrow.

a) Likely
b) Probably
c) May
d) Might

8. One of my students is mad ... dinosaurs.

a) Of
b) On
c) About
d) By

9. Would you mind ... the window?

a) Close
b) Closing
c) To close
d) Closed

10. Would you mind if I ... the window?

a) Close
b) To close
c) Closing
d) To closing

11. It was worth ... the museum yesterday.

a) Visit
b) To visit
c) Visiting
d) Visited

12. I have … for high heels shoes.

a) Prefer
b) Preference
c) Preferably
d) Preferable

13. I found really difficult to learn German, so I gave it …

a) On
b) About
c) In
d) Up

14. I don't have … energy on Friday.

a) A lot of
b) Many
c) Something
d) An

15. She learned all the text …

a) By memory
b) In memory
c) In heart
d) By heart

16. Helen can't eat nuts because she is allergic and I can't…

a) Neither
b) Either
c) Also
d) Both

17. Everybody … broccoli.

a) Hate
b) Hates
c) Don't hate
d) Hating

18. They asked: "Why is she studying so late?" They asked us why she … so late.

a) Was
b) Was studing
c) Was studying
d) Studied

19. My son is … older than yours.

a) More
b) The
c) Slightly
d) Bit

20. … would she like to drink, coffee or tea?

a) What
b) With
c) Wich
d) Which

Answers

1. b) Every

Con adverbios, siempre empleamos "every" para indicar que todos los elementos cumplen lo que se dice en la oración.

2. a) Despite

La opción correcta es la "a", ya que este conector significa "a pesar de…" y además, suele ir colocado al principio de las oraciones.

3. d) Would/do

Se trata de una segunda condicional en forma interrogativa. En este caso, la cláusula que falta requiere que el verbo vaya formado por el modal "would + infinitivo", por lo que la "d" es la opción correcta.

4. b) Another

Se utiliza "another" cuando queremos indicar "un/una más". Para comprobar que es correcto su uso, podemos hacerlo sustituyendo "another" por "a/an".

5. c) Is used to

La estructura "be (conjugado en presente) + used to + verbo principal -ing" se emplea para hablar de hábitos adquiridos en la actualidad. Hay que tener en cuenta, que siempre con esta estructura, después de "to" el verbo va en gerundio.

6. c) Come

Para indicar procedencia de algún lugar, utilizamos el verbo "come". Al estar el verbo auxiliar conjugado para la 3ª persona del singular (does), el verbo iría en su forma base.

7. b) Probably

Para indicar probabilidad de que algo suceda, podemos emplear la estructura "will + probably + verbo en forma base". En este caso no se podría emplear "likely", ya que la estructura que requiere es diferente.

8. c) About

El adjetivo "be mad" siempre va seguido de la preposición "about" cuando se indica el objeto de la oración.

9. b) Closing

El verbo "mind", cuando lleva justo detrás el verbo que corresponde, este va en su forma de gerundio.

10. a) Close

Cuando la estructura es "Would + sujeto + mind + if + oración subordinada" el verbo de la oración subordinada se conjuga en presente simple, de forma acorde con el sujeto que presente.

11. c) Visiting

Cuando "worth" va seguido de un verbo, este se conjuga en gerundio.

12. b) Preference

En esta oración se requiere el uso de un sustantivo, por lo que la opción correcta es la "b", ya que el resto corresponden a otras categorías gramaticales.

13. d) Up

El "phrasal verb" "give up" significa "abandonar/darse por vencido en algo".

14. a) A lot of

Al tratarse de una oración negativa con un sustantivo incontable, utilizamos la expresión "a lot of".

15. d) By heart

En inglés, para expresar que algo se aprende "de memoria", utilizamos la expresión "by heart".

16. b) Either

Cuando "either" se emplea como un adverbio, se traduce como "tampoco". Si el verbo está en negativo usamos "either", y si es afirmativo usamos "neither".

17. b) Hates

Los pronombres indefinidos en singular, como es el caso de "everybody", se conjugan con el verbo en singular.

18. c) Was studying

A la hora de pasar una oración de estilo directo a indirecto, tenemos que cambiar, entre otras cosas, el tiempo verbal. En el caso de oraciones en presente continuo, el verbo pasaría a pasado continuo.

19. c) Slightly

Con adjetivos comparativos empleamos los adverbios como mitigadores, para indicar ligera diferencia. La opción correcta es la "c".

20. d) Which

Al tratarse de una pregunta cuyas respuestas son limitadas, dado que se muestran las opciones, se emplea la partícula interrogativa "which". La opción "a" es la correcta, ya que es la forma correcta de escribirlo.

Mock exam n.º 54

1. Our internet connection was interrupted … an electricity network breakdown.

a) Due to
b) Caused
c) Due
d) Owing

2. Alice … been waiting for the bus for a long time.

a) Was
b) Has
c) Having
d) Have

3. I had a nap, but I am … tired.

a) Yet
b) Already
c) Still
d) However

4. If a number is odd, it … divisible between two.

a) Is
b) Is not
c) Was
d) Was not

5. All the cookies …

a) Burnt
b) Were bunt
c) Was burnt
d) Is burnt

6. There ... anything in the mailbox.

a) Is
b) Isn't
c) Are
d) Weren't

7. I am used to ... under a lot of pressure.

a) Working
b) Work
c) Worked
d) Works

8. My friends are ... to Australia next month.

a) Coming
b) Come
c) Go
d) Going

9. All your friends told you! You ... that train and visit her last week.

a) Should took
b) Should have taken
c) Should taken
d) Ought have taken

10. I am ... to go to the beach this Saturday.

a) Likely
b) Like
c) May
d) Migh

11. ... my surprise, I found the CD at the shop.

a) By
b) To
c) For
d) At

12. That shampoo is ... designed for curly hair.

a) Specially
b) Special
c) Specialy
d) Especially

13. My family went to the cinema together 4 years ...

a) Ago
b) For
c) Since
d) During

14. "I am busy now" she said Sarah said that she was busy...

a) Now
b) Then
c) Yesterday
d) Tomorrow

15. Ralph always makes ... laugh.

a) She
b) Hers
c) Her
d) Hes

16. The authors ... that learning a language from an early age has many advantages.

a) Conclusion
b) Conclude
c) Conclusively
d) Conclusive

17. They had an argument yesterday, but they made ...

a) Out
b) Above
c) Down
d) Up

18. ... I want is getting that job!

a) Anything
b) All the things
c) All
d) Something

19. My luggage ... the last to come!

a) Is
b) Were
c) Are
d) Be

20. It is incredible how my cousin is ... progress.

a) Doing
b) Make
c) Does
d) Making

Answers

1. a) Due to

Este conector nos indica una causa o motivo por el cual sucede algo (debido a…). Va seguido de un sustantivo.

2. b) Has

La oración está en presente perfecto continuo. Su estructura es "Have/Has + been + verbo en gerundio". Por ello, la parte que falta en la oración ha de ser el presente del verbo "to have".

3. c) Still

Usamos "still" para acciones o acontecimientos que todavía no han sucedido, esperábamos que ya hubieran ocurrido, se traduciría por "todavía/aún". "Still" va siempre detrás del verbo.

4. b) Is not

Se trata de una "condicional cero". Esta se emplea cuando la acción y el resultado son siempre verdad, como es el caso de los hechos científicos. Al ser el sujeto "it", y teniendo en cuenta el significado de la oración, la opción correcta es la "b".

5. b) Were bunt

Se trata de una oración pasiva en pasado y, teniendo en cuenta el sujeto de la oración, la opción correcta es la "b".

6. b) Isn't

Los pronombres indefinidos en singular, como es el caso de "anything", se conjugan con el verbo en singular. Al tratarse de "anything" el verbo ha de estar en forma negativa.

7. a) Working

La estructura "be (conjugado en presente) + used to+ verbo principal -ing" se emplea para hablar de hábitos adquiridos en la actualidad. Hay que tener en cuenta, que siempre con esta estructura, después de "to" el verbo va en gerundio.

8. d) Going

Se trata de una oración enunciativa en la cual no se está implicando directamente a nadie, por lo tanto, se utilizaría el verbo "go". Además, este iría en gerundio, ya que la acción está planeada y por tanto ha de ir en presente continuo.

9. b) Should have taken

Se utiliza "should/ought to + have + participio pasado" para hablar de una acción que no sucedió, pero habría sido mejor que sucediera.

10. a) Likely

Para indicar la probabilidad de que algo suceda, utilizamos la estructura "to be (conjugado) + likely + to + verbo en forma base".

11. b) To

En inglés, para expresar "para mi sorpresa" empleamos la preposición "to".

12. a) Specially

Se utiliza el adverbio "specially" cuando hablamos de un propósito específico de algo.

13. a) Ago

Para referirnos a un tiempo en el pasado, antes del actual utilizamos "ago". Se coloca al final de la oración y lo traducimos como "hace".

14. b) Then

Se ha pasado una oración en estilo directo a indirecto. Además de los tiempos verbales, debemos cambiar las expresiones de tiempo. En el caso que aparezca "now", debe ser cambiado por "then" o "at that moment".

15. c) Her

En este caso necesitamos emplear un pronombre de objeto correspondiente a la 3.ª persona del singular femenino. La opción correcta es la "c".

16. b) Conclude

Se requiere el uso de un verbo, y de todas las opciones, la "b" es la que corresponde a esta categoría gramatical.

17. d) Up

Se trata de un "phrasal verb" cuyo significado es "hacer las paces después de una discusión", por lo que la preposición correcta es "up".

18. c) All

Cuando queremos expresar "the only thing" en inglés, lo hacemos simplemente sustituyendo esto por "all".

19. a) Is

"Luggage" es un sustantivo incontable, lo traduciríamos por "equipaje". Por ello la opción correcta del verbo sería la "a".

20. d) Making

Se trata de una expresión hecha, establecida. La expresión "make progress" la traduciríamos por "avanzar/progresar". Al tratarse de una oración en presente continuo la opción correcta es la "d", ya que presenta un verbo en gerundio.

Mock exam n.º 55

1. ... the team nor the referee want to take the responsibility for that problem.

a) Either
b) Neither
c) Or
d) Nor

2. All my friends play board games ...

a) Also
b) As well as
c) Too
d) Moreover

3. The house was painted ... our neighbour.

a) Of
b) Nor
c) From
d) By

4. Jane and Al live ... in a small village.

a) Happier
b) Happyly
c) Happily
d) Happilly

5. Where are my ... books? I can't find them.

a) Other
b) Others
c) Another
d) The other

6. The film I watched yesterday is based ... a novel.

a) In
b) On
c) Of
d) At

7. Samantha doesn't know if she wants to study medicine or languages. She is going to think it ....

a) Under
b) Over
c) On
d) About

8. They have ... advice for you.

a) Some
b) Non
c) One
d) An

9. ... the lights work.

a) No of
b) None
c) None of
d) Non of

10. ... is the weather like?

a) When
b) How
c) Which
d) What

11. She practises many sports, ... tennis, rugby or boxing.

a) As
b) Such
c) Like
d) For

12. In some moments, I feel I am ...

a) Weakness
b) Weaken
c) Weak
d) Weakly

13. Denis was punished, so his parents didn't let him ... out.

a) Gone
b) Go
c) To go
d) To going

14. I like the beach, ... Carol likes the mountain.

a) While
b) Whereas
c) As well
d) Also

15. I love listening to the radio... I drive.

a) Whereas
b) Nevertheless
c) Because
d) While

16. She said: "I saw Tom Cruise here". She said that she saw Tom Cruise ...

a) That
b) Here
c) There
d) Far

17. My sister will ... pass her exam, because she is studying so hard.

a) Go
b) Going
c) Likely
d) Probably

18. When Fred met Chloe, he was … not smoking.

a) Getting used to
b) Getting use to
c) Got used to
d) Got use

19. My students … play football every day in the evening.

a) Use to
b) Usually
c) Used to
d) Used

20. They have … reason to believe that he was at home.

a) Each
b) Each of
c) Every
d) Every of

Answers

1. b) Neither

Utilizamos "neither" para expresar un acuerdo entre dos ideas negativas. Sus elementos siempre van separados por "nor".

2. c) Too

Este conector suele encontrarse al final de las oraciones. Significa "también.

3. d) By

El complemento agente de las oraciones pasivas va precedido por la preposición "by".

4. c) Happily

La formación correcta del adverbio a raíz del sustantivo "Happily" es añadiendo el sufijo "-ly", por lo que la opción correcta es la "c". Al acabar en "-y", al añadir el sufijo esta se sustituye por "-i-".

5. a) Other

La respuesta correcta sería la "a". Cuando va acompañando a un sustantivo, "other" nunca lleva "-s", dado que actúa como adjetivo.

6. b) On

El adjetivo "be based" siempre va seguido de la preposición "on" cuando se indica el objeto de la oración.

7. b) Over

Se trata de un "phrasal verb" que significa "reflexionar". La opción correcta es la "b".

8. a) Some

Se trata de un sustantivo incontable, por lo que la única opción correcta es "some".

9. c) None of

En inglés, cuando queremos indicar "ninguna de…" como sujeto se utiliza el pronombre "none of".

10. d) What

Para preguntar sobre cómo está el tiempo atmosférico, empleamos la partícula interrogativa "what".

11. c) Like

Para presentar ejemplos en inglés, estos pueden ir introducidos por "like" o por "such as".

12. c) Weak

Se requiere el uso de un adjetivo por lo que la opción correcta es la "c", ya que el resto corresponden a otras categorías gramaticales.

13. b) Go

El verbo "let" va seguido de un verbo en su forma base. Por ello, en su forma negativa, el modo correcto de hacerlo es como se expresa en la opción "b".

14. b) Whereas

Utilizamos el conector "whereas" cuando nombramos dos actividades contrapuestas, que no se realizan al mismo tiempo. Lo traducimos por "mientras que".

15. d) While

Utilizamos el conector "while" cuando hablamos de dos acciones que se llevan a cabo de manera simultánea. Lo traducimos por "mientras".

16. c) There

Se ha pasado una oración en estilo directo a indirecto. Además de los tiempos verbales, debemos cambiar ciertas expresiones de lugar. En el caso que aparezca "here", debe ser cambiado por "there".

17. d) Probably

Para indicar probabilidad de que algo suceda, podemos emplear la estructura "will + probably + verbo en forma base". En este caso no se podría emplear "likely", ya que la estructura que requiere es diferente.

18. a) Getting used to

Cuando queremos indicar que estamos en proceso de adquisición de un hábito, utilizamos la estructura "get + used + to + verbo en gerundio". El verbo "get" se conjuga en el tiempo verbal que corresponda en cada situación (en este caso pasado continuo).

19. b) Usually

Al tratarse de un hábito que se da en la actualizad, no se emplea la formación verbal "used to + infinitivo", ya que este se emplea para hábitos pasados. Por ello, hemos de utilizar el adverbio de frecuencia "usually", cuyo significado es "normalmente/ suelen…".

20. c) Every

Con conceptos abstractos utilizamos "every", nunca empleamos "each" o "each of".